Entre en…
el mundo secreto de los tarots

Valéry Sanfo

Entre en…
el mundo secreto de los tarots

El futuro revelado por las cartas adivinatorias,
métodos de interpretación y de tiraje

A pesar de haber puesto el máximo cuidado en la redacción de esta obra, el autor o el editor no pueden en modo alguno responsabilizarse por las informaciones (fórmulas, recetas, técnicas, etc.) vertidas en el texto. Se aconseja, en el caso de problemas específicos —a menudo únicos— de cada lector en particular, que se consulte con una persona cualificada para obtener las informaciones más completas, más exactas y lo más actualizadas posible. EDITORIAL DE VECCHI, S. A. U.

Fotografía de la cubierta: © *David Samuel Robbins/Getty Images;* © *Guntmar Fritz/zefa/Corbis.*

© Editorial De Vecchi, S. A. 2018
© [2018] Confidential Concepts International Ltd., Ireland
Subsidiary company of Confidential Concepts Inc, USA
ISBN: 978-1-64461-078-7

El Código Penal vigente dispone: «Será castigado con la pena de prisión de seis meses a dos años o de multa de seis a veinticuatro meses quien, con ánimo de lucro y en perjuicio de tercero, reproduzca, plagie, distribuya o comunique públicamente, en todo o en parte, una obra literaria, artística o científica, o su transformación, interpretación o ejecución artística fijada en cualquier tipo de soporte o comunicada a través de cualquier medio, sin la autorización de los titulares de los correspondientes derechos de propiedad intelectual o de sus cesionarios. La misma pena se impondrá a quien intencionadamente importe, exporte o almacene ejemplares de dichas obras o producciones o ejecuciones sin la referida autorización». (Artículo 270)

Índice

ORIGEN Y EVOLUCIÓN HISTÓRICA 9
   Evolución 10

SIMBOLISMO Y ESOTERISMO 13
   Los números romanos 13
   Las dos vías 14
   Los tres caminos 16

LOS ARCANOS 17

LA ADIVINACIÓN 65
   Purificación de las cartas 65
   Consagración de las cartas 66
   Ritual de la adivinación 68
   Algunos consejos generales 71
   Edificación 72

EL SIGNIFICADO ADIVINATORIO DE LOS ARCANOS MAYORES . 75

LA LECTURA DEL TAROT 87
   Método de la Estrella de David 87
   Método de los cinco juicios 88
   Método del espejo 89

Origen y evolución histórica

Remontarse a los orígenes de los Arcanos Mayores es más bien imposible. Estos símbolos nacieron junto con el pensamiento del ser humano, y con este se han desarrollado. Después de largos y profundos estudios, se ha evidenciado la existencia de una unión muy estrecha entre los Arcanos y la cábala. Ambos fueron transmitidos oralmente por diversos iniciados, y su origen se pierde en la noche de los tiempos: parten de la vieja Atlántida y pasan por el periodo asirio, indio, egipcio y hebraico, hasta llegar al occidental. Entre las veintidós cartas que configuran el tarot está encerrado un tratado esotérico de enorme importancia, colmado de secretos, además de conocimientos escondidos. Y todo ello ha sido puesto en clave alegórica, de modo que sólo el iniciado puede tener libre acceso a este género de conocimientos. Como ya se ha comentado, esta sabiduría siempre ha sido divulgada oralmente, por lo que establecer su nacimiento es prácticamente imposible. Lo que sí se puede intentar establecer es el momento de la aparición de los símbolos en las cartas. Diversos descubrimientos arqueológicos nos hablan de la presencia de cartas parecidas ya en la China del año 1120.

China, año 1120. Se encontraron 32 tablillas en marfil con figuras relativas al cielo, a la tierra, al hombre, a los deberes y al destino del ciudadano.

Italia, año 1300. Se descubrieron 50 cartas que reproducen diversas imágenes relacionadas con temas distintos, divididas en cinco series de diez cartas cada una. En estas aparecen representados elementos relacionados con la vida, las musas, las ciencias, las virtudes y los planetas.

Francia, año 1392. El pintor Jacquemin Gringonneur pintó, para divertir al rey Carlos VI, cartas parecidas a los Arcanos, de las cuales se han encontrado 17. Parece ser, sin embargo, que la invención no fue del pintor; este se debió de basar en los símbolos ya existentes en los *naibi* de Italia.

Marsella, alrededor del 1400. En aquella época aparece por primera vez el tarot de Marsella, probablemente derivado de los *naibi* italianos. En esas cartas aparecen los 22 Arcanos Mayores, parecidos a los actuales.

Francia, año 1751. Burdel perfecciona el simbolismo de los 22 Arcanos Mayores y añade los palos de las figuras de los Arcanos Menores.

Evolución

Court de Gebelin (Francia, 1725-1784). Estudió durante 20 años el simbolismo de las cartas del tarot, y llegó a la conclusión de que estas no eran otra cosa que el famoso libro egipcio transmitido por Hermes Trismegisto, autor de *El libro de Thot*. Trismegisto fue adorado por los egipcios como el inventor de las letras, de los números y del saber. Era conocido con el nombre de Thot-Hermes-Trismegistus.

Este libro mágico fue elaborado sobre 78 láminas de oro purísimo. Se salvó del incendio de la biblioteca de Alejandría, en Egipto, donde se albergaban 700 000 volúmenes manuscritos. Este fuego fue ideado por el califa Omar con el objetivo de destruir el libro.

En 1799, un oficial del ejército napoleónico descubrió una triple inscripción realizada en letras griegas, jeroglíficos egipcios vulgares y sagrados. Se encontró así la clave interpretativa de *El libro de Thot*, lo que corroboraba la teoría de Gebelin.

Según Gebelin, el término *tarot* deriva de *ta* + *ros*, donde *ta* significa «vía, camino» y *ros*, «rey, real», por lo que *tarot* quiere decir exactamente «vía real de la vida».

Etteilla (Francia, 1780). Seguidor de Gebelin, se dedicó al estudio de la cartomancia, pero sin llegar a ninguna conclusión destacada. Cambió los símbolos y afirmó que las cartas habían sido transmitidas por 17 magos a partir del segundo milenio antes de Cristo.

Eliphas Levi (París, 1810-1875). Gran ocultista y estudioso del esoterismo, relacionó los 22 Arcanos con la cábala hebraica. Las 22 letras de los Arcanos más diez números de Sephiroth dan las 32 vías. Estudió a fondo el tarot y escribió diversos libros de magia relacionados con estas cartas.

Papus (Francia, 1865-1917). Su verdadero nombre era Gérard Encausse. Se relacionó con el pensamiento de Levi y con la cábala. Papus pertenecía a grupos secretos de la masonería y de la Orden de la Rosacruz.

Arthur Edward Waite (Inglaterra, 1857-1942). Ocultista y autor de *La clave de los tarots* y *La sagrada cábala*. Waite estableció el Arcano 0, el Loco, entre la primera y la última carta, y le dio el número 0. Eliphas Levi y Papus, sin embargo, la colocaron antes del Mundo, asignándole así el número 21.

Simbolismo y esoterismo

Los números romanos

Los veintidós Arcanos Mayores están numerados con números romanos, y esto no es casual. La numeración se realiza añadiendo una cifra cada vez, y no restándola. Por ejemplo, el Arcano IIII, El Emperador, no se designa con 5 − 1, es decir, IV, sino con 3 + 1, esto es, IIII; se puede decir lo mismo de otros Arcanos Mayores El Ermitaño (el VIIII), La Templanza (el XIIII) y El Sol (XVIIII).

Cada Arcano constituye la síntesis de las experiencias de la carta precedente, y por ello las cifras siempre se han de añadir, y nunca se han de restar, pues representa una acumulación de sentidos.

Por otra parte, los números romanos presentan un parecido asombroso con los diferentes símbolos esotéricos, una semejanza que no se encuentra en las cifras árabes.

— El uno se escribe con un palito que representa a Jod, el as de bastos, el principio, I.
— El dos representa las dos columnas del templo Jakin y Boaz, II.
— El tres representa el triángulo desmontado, III, la trinidad.
— El cuatro representa el cuadrado desmontado, es decir, el reino de Malkouth, IIII.
— El cinco simboliza el microcosmos, es decir, un triángulo cuyo vértice está vuelto hacia abajo, V.
— El seis es la suma de 3 + 3, es decir, III + III, por lo que constituye el hexagrama dividido.

Lo mismo se puede aplicar a las restantes cartas. Resulta imposible establecer una comparación de este tipo con las cifras árabes, y esto demuestra, una vez más, que nada se debe al azar en las cartas del tarot.

Las dos vías

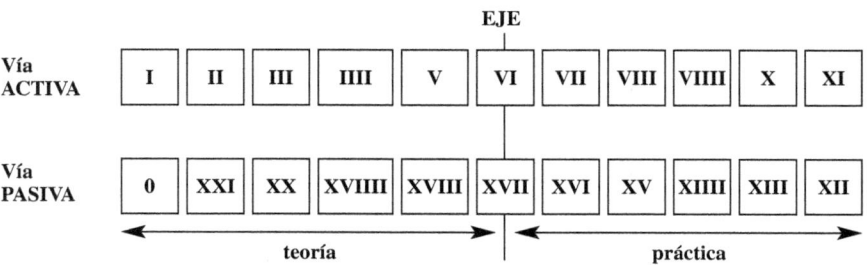

Si se colocan los 22 Arcanos Mayores en dos filas de once cartas, se forman dos vías: la primera activa, conocida como masculina o racional; y la segunda pasiva, femenina o mística.

La primera vía está basada principalmente en la actividad y en la acción individual —para los individuos seguros y fuertes— y puede emprenderse por cuenta propia desarrollando todas las dotes personales.

Arcano I = la razón
Arcano II = la intuición
Arcano III = la inteligencia
Arcano IIII = la voluntad
Arcano V = la humanidad
Arcano VI = el equilibrio
Arcano VII = la perseverancia
Arcano VIII = la autorregulación
Arcano VIIII = la búsqueda interior
Arcano X = la acción
Arcano XI = la fuerza

En esta sucesión, el hombre se mueve con sus propias fuerzas y parte de la razón para alcanzar la fuerza y el propio autocontrol.

La segunda vía es contraria a la primera. Aquí, el hombre se sacrifica por los otros, busca en los demás, se encuentra a sí mismo proyectándose en el resto.

Es una vía apropiada para los débiles, elaborada a base de resignación, sacrificio y emulación. Se abre, de hecho, con el Arcano XII, símbolo del sacrificio total.

Arcano XII = el sacrificio
Arcano XIII = la renuncia
Arcano XIIII = la donación
Arcano XV = la lucha contra las tentaciones
Arcano XVI = la religiosidad y la oración
Arcano XVII = el amor por la naturaleza
Arcano XVIII = la lucha contra los pensamientos negativos
Arcano XVIIII = el amor generoso
Arcano XX = la fe pasiva
Arcano XXI = el éxtasis, la beatitud y la trascendencia
Arcano 0 = el juglar, la exaltación mística

Las cartas VI, el Enamorado, y la XVII, las Estrellas, son las centrales de las dos vías y se denominan los ejes del tarot.

Son etapas muy importantes que separan el pensamiento teórico de la acción práctica, representados respectivamente por los Arcanos I, II, III, IIII, V para la vía activa y 0, XXI, XX, XVIIII, XVIII para la vía pasiva; y por los Arcanos VII, VIII, VIIII, X, XI para la vía activa y XVI, XV, XIIII, XIII, XII para la vía pasiva.

Resulta especialmente interesante observar el desarrollo de las fases: en la vía activa se comienza con la teoría para concluir con la práctica, mientras que en la vía pasiva se inicia con la práctica para terminar con la teoría.

En la segunda vía, el hombre realiza toda una serie de acciones de amor y de sacrificio para luego pasar al estudio de los dogmas y a la búsqueda interior.

Los tres caminos

Espíritu	I	II	III	IIII	V	VI	VII
Alma	VIII	VIIII	X	XI	XII	XIII	XIIII
Cuerpo	XV	XVI	XVII	XVIII	XVIIII	XX	XXI

Si se disponen los 21 Arcanos Mayores (excluido el Loco) en tres filas de siete cartas cada una, se forman las vías que comprenden las partes principales en que se divide el hombre, es decir, el cuerpo, el alma y el espíritu.

Estas vías están formadas por siete cartas que representan las diversas etapas de la evolución espiritual humana. Para comprender los diferentes estados de la evolución, es necesario tomar conciencia de los tres caminos al mismo tiempo, ya que el hombre evoluciona al mismo tiempo en su parte espiritual, anímica y física. Así pues, es absurdo pensar en desarrollar sólo la parte espiritual y dejar detrás las otras dos; ello no sería posible, ya que cada cambio sobre una de estas tres partes tendría repercusiones sobre las otras dos.

Así pues, es necesario avanzar ternario tras ternario, de modo que pueda comprenderse qué cambios se manifiestan en las tres partes constitutivas del ser.

Los Arcanos

1 - El Mago (Le Bateleur)

El Mago es el Arcano I, el principio activo, la acción, el Sol. Representa al hombre, al iniciado, desde el principio de su camino. Tiene a su disposición todo cuanto le sirve para superar las diferentes pruebas de la vida y desarrollarse.

Esta carta está ilustrada por un joven vestido de saltimbanqui. El sombrero tiene forma de ocho acostado, símbolo matemático del infinito. El borde del sombrero representa la voluntad (el amarillo), junto a la razón (el verde) y la actividad (el rojo). En la parte inferior, el sombrero es azul, signo de espiritualidad.

La unión de estas cualidades forma la suma de la cabeza, porque sólo gracias a su interacción el iniciado puede emprender el viaje propuesto.

Los zapatos son negros, puesto que ilustran el inicio del ocultismo esotérico, donde este color protege el conocimiento y aleja las vibraciones negativas.

El Mago, con las piernas separadas, el brazo izquierdo dirigido hacia arriba y el derecho hacia abajo, asume la forma de la letra Aleph («Alfa»), la primera del alfabeto hebreo.

La mano izquierda, la de la intuición y lo espiritual, está orientada hacia el cielo; la derecha, la de la razón y la racionalidad, apunta en dirección a la tierra, hacia lo material.

Delante del Mago hay una mesa de cuatro patas, de las cuales sólo tres son visibles, que se corresponden con los tres reinos de la naturaleza: animal, vegetal y mineral. La pata invisible, el cuarto reino, representa lo espiritual que trasciende las posibilidades físicas. Las tres patas de la mesa son verdes porque simbolizan la razón, sobre la cual se levanta la búsqueda representada por el color naranja de la superficie de la mesa.

Debajo de ella, brota una flor roja de una planta de tres hojas, que representan el ternario y ejemplifica el camino apenas comenzado hacia el mundo espiritual.

Sobre la mesa naranja (la búsqueda), hay dispuestos una copa, una espada y un denario. Con la mano izquierda, el Mago sostiene una varita mágica. Estos cuatro objetos corresponden a los cuatro verbos de la realización esotérica según el siguiente esquema:

Saber = Copa = Agua = San Mateo = Hé

Osar = Espada = Aire = San Juan = Vau

Querer = Bastón = Fuego = San Marcos = Yod

Callar = Denario = Tierra = San Lucas = Hé

La varita mágica tiene el pomo rojo hacia el cielo y el azul, hacia la tierra, para indicar la actividad del Mago, encauzada con el fin de conseguir el conocimiento.

La copa de plata, símbolo de la intuición, está llena de un líquido rojo que representa el conocimiento del alma de la tierra (luz astral o gran agente mágico). La base hexagonal representa el hexagrama (sello de Salomón), el macrocosmos y el microcosmos.

La espada expresa el verbo *osar*. En efecto, el conocimiento esotérico es inalcanzable para los débiles. Está colocada cerca de la copa porque sólo con osadía se puede llegar a saber. Además, indica también la influencia del hombre sobre las fuerzas interiores.

El dedo índice de la mano derecha está señalando el denario, que simboliza el silencio y el dominio sobre el mal, el control psicofísico de la mente sobre el cuerpo.

Sobre el denario se ve el pentáculo de la cruz, que en esoterismo representa el cuaternario mágico. En la filosofía hermética, en cambio, el denario simboliza el operador alquimista decidido a desarrollar la Gran Obra.

Si las cartas están dispuestas en tres filas de siete, el Mago es la primera carta del camino del espíritu. También es la primera cuando estas están colocadas en dos filas de once, una de las cuales es la de la razón o masculina, que empieza precisamente por el Mago. Así pues, el Mago simboliza el gran inicio del hombre, que ha comprendido que tiene en sí mismo todas las cualidades para ascender a la luz divina y toma conciencia de poseer la chispa divina en cuanto a ser espiritual.

La varita mágica también ejemplifica el principio masculino fecundador, el falo, el padre, que corresponde a la letra hebrea Yod.

La copa representa el principio femenino fecundado, es decir, el útero, la madre, y corresponde a la letra hebrea Hé.

De la unión de ambas nace el hijo, representado por la espada, que corresponde a la letra hebrea Vau. El denario corresponde a la síntesis, que lo conduce todo nuevamente a la trinidad, repitiendo así la letra Hé.

Se obtiene así el tetragrama divino: Yod, Hé, Vau, Hé.

II - La Sacerdotisa (La Papesse)

LA PAPESSE

Si el Mago es el principio activo, representado por el Sol, la Sacerdotisa, el Arcano II, el binario, es el principio pasivo y está representado por la Luna. El Mago es la razón, la acción; la Sacerdotisa se corresponde con la imaginación, la intuición, lo inconsciente.

Está sentada en un trono entre dos columnas. Son las columnas del templo de Salomón, Jakin y Boaz. Entre estos dos pilares cuelga un velo, que impide el acceso a los conocimientos superiores. Las columnas están adornadas con tres arandelas doradas que representan el doble ternario, el hexagrama, el equilibrio.

El velo colocado a sus espaldas es amarillo, lo cual significa que la luz brilla más allá de las columnas, pero que es necesario conquistarla con una búsqueda permanente.

La luna de oro encima de la corona tiene las puntas hacia arriba para recibir las energías emanadas de las esferas superiores. Sobre la cabeza, la

Sacerdotisa lleva dos coronas de oro. La primera roza la frente y representa la filosofía oculta, y la segunda, más pequeña, simboliza la fe.

Un velo le cubre partes del rostro y los hombros: sirve para esconder el verdadero yo, el inconsciente que surge, la parte más profunda del individuo.

Sobre el pecho se observa una cruz blanca que forma una barrera. Todavía hay que buscar muy profundamente para poder acceder a los conocimientos interiores. Todo ello, además, reforzado por las cuatro pequeñas cruces colocadas sobre los brazos de la gran cruz.

En la mano derecha, la Sacerdotisa tiene un libro semicerrado, en cuya cubierta están representados los símbolos del yin y del *yang*. Es el libro del equilibrio perfecto, de los secretos de la vida, al cual sólo se puede acceder con las llaves, una de oro y otra de plata, que la Sacerdotisa tiene en su mano izquierda.

La llave de plata sintetiza la búsqueda activa, el cuaternario que genera la acción. La llave de oro, en cambio, tiene la empuñadura en forma de triángulo y simboliza la fe dirigida hacia la búsqueda de lo divino.

La Sacerdotisa está apoyada sobre la esfinge, símbolo del misterio de la vida y que establece tres preguntas básicas: ¿Quiénes somos? ¿De dónde venimos? ¿Adónde vamos? El cojín representa el reino del mundo físico, que ha sido sometido a las fuerzas combinadas del Mago (la acción) y la Sacerdotisa (la intuición). El pie apoyado sobre el cojín es el derecho, ya que la parte derecha evoca la acción, la materia. El suelo, en armonía con el resto de la carta, designa la dualidad, el *yang* y el yin, la luz y la sombra, lo activo y lo pasivo, lo masculino y lo femenino, en definitiva, el número dos.

La Sacerdotisa se corresponde con la palabra creadora, el pensamiento que engendra la idea.

El iniciado, para poder seguir el camino elegido, deberá unir la acción a la voluntad, los pensamientos dirigidos a la búsqueda de lo espiritual. El pensamiento es energía, y como tal debe ser de polaridad positiva; sólo así el iniciado puede alcanzar un perfecto equilibrio psicofísico y continuar la difícil búsqueda, repleta, además, de incógnitas.

III - La Emperatriz (L'Imperatrice)

De la unión del Mago (el uno, la acción) y la Sacerdotisa (el dos, la intuición) nace el número tres, la inteligencia, representada por la Emperatriz: se forma así el ternario. Es una imagen femenina porque representa toda la naturaleza.

Alrededor de su cabeza se ven, en una aureola blanca que representa la creación, doce estrellas, de las cuales tres son invisibles. Este número nos recuerda a los doce signos del zodiaco, y las nueve estrellas visibles se pueden interpretar como los nueve meses de la gestación humana. La figura de la Emperatriz está generada por el pensamiento de la Sacerdotisa, unida al Mago.

La corona sobre su cabeza representa el poder sobre el mundo físico, el intelectual y el espiritual (las tres esferas).

Las alas son el símbolo de la más alta espiritualidad, la cual debe alcanzar el hombre para tener el dominio de la naturaleza. Representan, además, la luz astral (Akas-ha) y el cuerpo etéreo.

En la mano izquierda, la Emperatriz tiene un cetro de oro con el símbolo del mundo encima coronado por una cruz. Es el símbolo de la sustancia primordial activada por una inteligencia coordinadora, es decir, las cuatro esferas de la naturaleza (la cruz) sobre el planeta Tierra, que existe en virtud de estas.

Con la mano derecha rige un blasón rojo (la actividad); en él aparece representada un águila blanca, símbolo del alma purificada.

A su lado crece un lirio blanco, icono de la pureza. Con el pie izquierdo, el de la intuición, aguanta una media luna con las puntas hacia abajo: es el dominio de la inteligencia sobre el mundo lunar, de los pensamientos, de la intuición, de la sustancia espiritualizada.

Respecto a los colores, el azul representa la espiritualidad y el amarillo, la realeza. El iniciado, después de haber alcanzado el justo equilibrio entre la razón y la intuición, ha podido acceder a un nivel superior. Ahora se encuentra sobre el plano etéreo (representado por las alas de la Emperatriz); sus pensamientos están dirigidos hacia la búsqueda interior (el verde del interior del manto); ha alcanzado el control del propio cuerpo y ya está preparado para continuar hacia la meta que se ha fijado alcanzar.

Una observación sobre el simbolismo vinculado al número tres: antiguamente, todos los hombres poseían tres nombres, de los cuales uno sólo era conocido por el maestro iniciador del pueblo o de la tribu. Conocer el nombre secreto de una persona significa poseerla.

IIII - El Emperador (L'Empereur)

El Emperador es el Arcano IIII,[1] el cuaternario. Está representado por un hombre sentado en un cubo, símbolo del mundo material con todos sus reinos dominados por el Emperador. En un lado del cubo hay dibujada un águila, en este caso negra, que simboliza el cuerpo material. Sus alas están divididas en cuatro partes para indicar el cuaternario. El cubo es amarillo, puesto que este es el color de la voluntad, y con esta se obtiene el dominio de la materia.

---

1. Véase página 13 para el significado de esta anotación particular.

Encima del yelmo del Emperador se distinguen cuatro triángulos con el vértice hacia arriba para dominar las cuatro fuerzas de la naturaleza. La celada del yelmo tiene forma de espiral hacia los hombros y su curva asciende hacia la frente. El Emperador representa la Kundalini, la fuerza vital que asciende del primer *chakra*[2] hacia el último, el dominio completo de las energías. Alrededor del cuello lleva un collar imperial amarillo, símbolo de la coordinación y el orden.

La coraza representa la protección, la invulnerabilidad de los influjos básicos de la materia que él domina a su placer. Sobre la coraza aparecen el Sol y la Luna, es decir, el control sobre las fuerzas materiales y espirituales, sobre la razón y la imaginación, y es realmente este dominio el que lo protege y lo vuelve invulnerable.

---

2. Chakra: nombre con el que se designan los centros de los cuerpos sutiles. Los chakras son siete: el primero se sitúa a la altura del ano, y el último encima de la cabeza, donde la iconografía religiosa sitúa la aureola de los santos. Hay que destacar que estos centros de los cuerpos sutiles, perfectamente delimitados, no se corresponden con los diferentes órganos del cuerpo humano. Así, la asociación de los siete chakras con distintas partes del cuerpo se hace sólo por analogía.

Con la mano izquierda, que simboliza la intuición, rige el mundo, coronado por una cruz. El Emperador está en posesión del conocimiento del alma del planeta Tierra y de los cuatro elementos.

Con la mano derecha, la de la voluntad, sostiene un cetro de oro. Al final de la empuñadura (el crucero) se observa una media luna con las puntas dirigidas hacia arriba, para recibir ayuda de las fuerzas superiores.

Encima de este aparecen tres puntas (el ternario), que, unidas al cetro, forman el cuaternario. Representa también el tridente mágico indicado como 3 + 1. Son las aspiraciones del idealismo que aseguran el dominio de las esferas más altas del pensamiento humano.

Al lado del Emperador crece el tulipán que ya aparecía en la carta del Mago, aunque ahora está más abierto. Simboliza la realización gradual que progresa de etapa en etapa. Los cuatro pétalos evocan el cuaternario.

La posición de las piernas del Emperador forman un triángulo con el vértice dirigido hacia abajo, signo del dominio completo sobre el microcosmos, el alma y la luz astral.

La carta en sí simboliza el dominio completo sobre el mundo de los elementos que el iniciado debe alcanzar. Para obtener este resultado, primero debe aprender el significado de los elementos, y por lo tanto, dominarlos a través de un particular modo de vida. Sólo tras haber conquistado el dominio de los elementos y todo aquello que representan simbólicamente, el iniciado podrá proseguir su búsqueda.

V - El Papa (Le Pape)

Papa significa «Pontífice», el hombre que hace de puente, de intermediario, entre el hombre y Dios. Es el Arcano V. En este estado, el iniciado ya ha alcanzado el conocimiento completo. El Papa está representado por una persona anciana porque ha llegado a este momento después de un intenso trabajo y muchas purificaciones, y representa la sabiduría. Su deber es siempre el de enseñar, indicar el camino a los adeptos y ayudarles en la comprensión de los misterios divinos.

Frente a él se ven dos fieles, uno a su izquierda, en actitud de oración, que representa la fe sumisa, la acepción absoluta de todos los dogmas, y el

LE PAPE

otro a su derecha, con los brazos extendidos y el rostro dirigido hacia arriba, que no acepta ciegamente la doctrina enseñada, sino que intenta indagar y comprender. El primero simboliza la fe pasiva y el segundo, la fe activa. Ambos tienen la tonsura sobre la nuca y están vestidos con un sayo, por lo que se deduce que son iniciados.

El Papa está sentado entre dos columnas, las mismas que las de la Sacerdotisa, es decir, Jakin y Boaz, los dos pilares del templo de Salomón.

En la cabeza lleva una tiara: la primera corona representa el culto, la segunda, el conocimiento de las leyes divinas y la tercera, la fe. Encima está la cruz, que simboliza el cuaternario mágico.

Tiene la mano derecha levantada haciendo la señal de la bendición, símbolo del Pontífice, que está en grado de hacer de intermediario con las fuerzas superiores y ofrecerlas a los hombres. La mano izquierda rige la Pastoral, símbolo del poder del alma.

La unión de esta triple cruz da origen a un setenario (las siete puntas de la Pastoral), que representa el número de la armonía universal: los siete planetas, las siete noches, los siete colores, los siete *chakras*, etc.

En las manos lleva guantes blancos con cruces azules, que indican la pureza alcanzada a través del alma.

Esta carta incorpora la cifra V. Y el cinco representa el hombre, señala al ser evolucionado que comprende la espiritualidad presente en él, la chispa divina. Su simbolismo está representado por una estrella de cinco puntos de color rojo.

Además, esta carta ejemplifica el pentagrama llameante, símbolo del microcosmos, del hombre y, si está al revés, de la bestia. Ello significa que el hombre, gracias al libre albedrío, puede decidir elevarse hacia las fuerzas del bien o hundirse hacia las fuerzas del mal.

VI - El Enamorado (L'Amoureux)

El Arcano VI representa al iniciado en el acto de superar la mayor prueba: debe permanecer completamente indiferente entre el bien y el mal, entre el materialismo y la espiritualidad. A su izquierda hay una bacante, una mujer que celebra a Baco, es decir, una borracha, una libertina.

Sus cabellos son verdes, y entre ellos se ven flores que indican la lujuria, el placer de los sentidos. La mujer intenta atraer al iniciado, la voluntad, lo racional. Los pies descalzos demuestran la bajeza de sus instintos y se apoyan sobre la hierba verde para indicar que su reino es el del materialismo.

A la derecha del iniciado se ve a una mujer vestida de azul y de rojo (la energía encauzada hacia la espiritualidad). Lleva una corona sobre la cabeza y tiene los cabellos rubios, que representan la nobleza de los sentimientos. Tiene la mano izquierda, la de la intuición y las elecciones espirituales, apoyada en el hombro del iniciado para invitarlo a escoger su camino. Esta mujer está colocada de perfil porque la vía del conocimiento está llena de dificultades y se conquista con esfuerzos y renuncias. La bacante, en cambio, está de frente, porque su camino es fácil. Recorriéndolo se pueden obtener placeres y bienestares con poco esfuerzo.

El traje del iniciado presenta los colores rojo y verde contrapuestos. La energía espiritual, el materialismo y los vicios se alternan para indicar el equilibrio mágico, la falta de sentimientos egoístas, el puro amor altruista sin dobles intenciones. Las partes amarillas del traje indican la voluntad del iniciado, que así logra equilibrar sus dos atracciones.

El iniciado tiene los ojos dirigidos hacia el suelo, lo cual indica una absoluta indiferencia. Los brazos cruzados sobre el pecho simbolizan el microcosmos y el macrocosmos, el equilibrio perfecto.

En el centro se puede observar a Cupido, en un círculo blanco (el alma), el libre albedrío, listo para lanzar una flecha. Tiene las alas azules y los cabellos rubios. La elección del libre albedrío es dictada por el «Sí espiritual», por la chispa divina. El arco y la flecha son de color verde porque las repercusiones sucederán en el mundo material.

Toda la carta representa el hexagrama, el sello de Salomón, el perfecto equilibrio mágico (lo estático) entre el microcosmos y el macrocosmos, entre las fuerzas superiores y las inferiores. Ello significa que el hombre, gracias a su precario libre albedrío (el arco tenso), para poder alcanzar la realización completa, aunque ahora ya posee los conocimientos de las fuerzas divinas y hace de intermediario entre el cielo y la tierra, deberá alcanzar la completa impersonalidad.

Y por impersonalidad se entiende el amor universal, la falta completa de egoísmo, de dualismo, de subjetividad. Ello significa dar sin tener o querer nada a cambio, porque el amor es altruismo. Quedarse indiferente ante las fuerzas del mal y no vanagloriarse si se va a utilizar las fuerzas del bien. Este es el significado de estar enamorado, porque se ha alcanzado el verdadero y único amor.

VII - El Carro (Le Chariot)

Ya hemos llegado al Arcano VII, el Carro, que concluye el primer setenario y el primer camino. Esta carta es la realización del hombre, la suma de las seis cartas anteriores.

En ella se observa a un joven que tiene un cetro en la mano que acaba en punta con forma de cono: sirve para mantener la energía de las fuerzas superiores y expandirlas. En la cabeza lleva una corona con tres estrellas de cinco puntas: el pentagrama, el símbolo del hombre, es decir, el completo dominio del cuerpo, del alma, del espíritu. Lleva una coraza roja, azul y amarilla, los colores de la energía, de la espiritualidad, de la voluntad. Las dos medias lunas sobre los hombros, simbolismo ya presente en la carta del Emperador, indican su completo dominio de las fuerzas psíquicas, ya sea sobre el lado derecho, el material, o sobre el izquierdo, el espiritual. El iniciado puede utilizar por completo la fuerza de la mente (fuerza creativa).

El Carro tiene forma cuadrada: encontramos aquí una relación con el cubo del Emperador. Es el reino material, las fuerzas de la naturaleza que están completamente dominadas por el joven: por ello, él se encuentra dentro del Carro y rodeado de cuatro puntos de apoyo, de cuatro columnas. Las primeras son amarillas y las posteriores, verdes. Son los colores de la carta del Enamorado y precisamente los de la bacante.

El joven, gracias a la indiferencia, domina las fuerzas materiales.

El baldaquino representa el cielo, el mundo espiritual, con todas las fuerzas astrales.

En la parte inferior del Carro se observan los símbolos del cuerpo físico (la vara), del cuerpo etérico (la espada), del cuerpo astral (las alas). El círculo rojo simboliza el punto de unión de los tres cuerpos.

El Carro está provisto de dos ruedas que representan el movimiento del iniciado, su camino, su acción.

Es tirado por dos esfinges, una blanca y otra negra, que forman un único cuerpo. Están colocadas una a la derecha y la otra a la izquierda, y representan las esferas del bien y del mal, las columnas del templo de Salomón, Jakin y Boaz. Una tira hacia lo material y la otra, hacia lo espiritual. De esta forma, el Carro procede, perfectamente equilibrado, a través de la línea central.

Esta carta es la séptima, y el setenario representa una etapa importante; más allá del siete se encuentran los números trascendentales.

El joven que conduce el carro representa al Mago, que ha llegado, después de las diversas etapas representadas por las cartas precedentes, a la completa realización. De hecho, sus cabellos son blancos para indicar así la experiencia conquistada. El camino recorrido por el carro es de color verde para simbolizar que la acción acontece en el mundo de la materia. El Carro es conducido sabiamente y, por lo tanto, no puede encontrarse más que en el camino correcto.

VIII - La Justicia (La Justice)

La Justicia abre la segunda vía. La primera era la del espíritu, y esta es la del alma. La primera vía genera el Arcano VIII, la Justicia, que inicia la segunda vía. La Justicia abre el segundo camino en el mismo punto que el Mago, pero mientras este lo iniciaba en el plano espiritual, la Justicia se mueve en el plano del alma.

La encarnación de la Justicia está sentada sobre un trono macizo entre dos columnas, las del templo de Salomón, Jakin y Boaz, que representan los pilares de la Justicia, unidas entre ellas por un respaldo en forma de concha, símbolo del campo de acción de la actividad del alma. Sobre el respaldo aparecen ocho tachuelas que simbolizan la acción solar, activa, de los signos diurnos del zodiaco.

Las dos columnas simbolizan el pecho y su pezón, o dicho de otro modo, la fuerza y la linfa vital, primer alimento del alma. Los colores blanco y verde evocan respectivamente el alma y la materia. Estas dos fuerzas se nutren la una de la otra, lo cual explica la alternancia. Encima de las columnas observamos los capiteles, uno rojo, a la derecha de la Justicia, y otro negro, a la izquierda. Los colores hacen referencia al significado de las columnas: la roja simboliza la actividad y la negra, la pasividad. Los capiteles acaban con la representación de un granado, símbolo de la fecundidad.

La Justicia es una figura femenina con una corona en la cabeza que representa el símbolo del Sol. La corona tiene cinco puntas, el emblema de la quintaesencia. La Justicia representa a la Emperatriz de la primera vía, pero, al haber descendido del mundo espiritual al anímico, la encontramos sin alas y con los rasgos del rostro endurecidos.

Tiene los cabellos rubios formados por ocho bucles, que nos recuerdan la numerología de la carta.

Lleva un traje con una banda blanca en el pecho que representa el fluir de las dos fuerzas contrarias, la derecha y la izquierda, la actividad y la pasividad, que se unen para subir hasta la cabeza creando un equilibrio perfecto (recordemos el símbolo de la balanza). Los colores del traje son el rojo (actividad y acción) y el azul (espiritualidad). Las mangas son de rayas amarillas y verdes, y simbolizan el mundo material sobre el cual es necesario tener el dominio.

Sobre el pecho, la Justicia lleva un collar trenzado de tres espirales representando la unión y la interacción del cuerpo, del alma y del espíritu.

En la mano izquierda tiene una balanza de oro porque representa la ley trascendental divina y simboliza que cada acción debe ser equilibrada por una atracción de signo contrario. El equilibrio perfecto se obtendrá con la indiferencia. La balanza representa lo estático, la no-acción.

En la mano derecha, la Justicia lleva una espada para simbolizar la ley del karma[3] negativo. El hombre, gracias al libre albedrío, a su libre elección, puede dirigirse hacia el camino del bien o del mal. Si escoge el camino del materialismo y pierde la espiritualidad, deberá someterse a la ley de la Justicia (del karma). Deberá volver a este mundo material hasta que pueda superar las diversas pruebas que el destino le ha preparado.

---

3. *Karma:* en las religiones orientales, el karma puede referirse tanto al encadenamiento de causas y efectos como al balance de las malas y las buenas acciones de las vidas anteriores, es decir, el conjunto de los actos vividos.

VIIII - El Ermitaño (L'Ermite)

El Ermitaño está representado por un hombre viejo con la barba blanca, símbolo del conocimiento interior. Es el Arcano VIIII.

Aparece envuelto en un manto. La parte externa es de color marrón oscuro y ejemplifica la austeridad, la impenetrabilidad; y la parte interna, azul, la espiritualidad.

Bajo su capa, el Ermitaño viste un traje amarillo que indica la búsqueda espiritual y la voluntad.

Este personaje conserva estos conocimientos por sí mismos, no los divulga, y el significado profundo del manto marrón es que la búsqueda se realiza dentro de nosotros, y no en el exterior.

Esta carta es la continuación de la octava, la Justicia. El Ermitaño ha escogido el camino de la espiritualidad, y lo busca solo, ya que el hombre es un ser individual. A la realización no se llega escogiendo un grupo (la religión), sino gracias a la búsqueda interior dirigida hacia la espiritualidad. Todo ello se simboliza con la lámpara que el Ermitaño aguanta con la mano derecha, la de la acción, para iluminar el camino que debe realizar.

La lámpara representa las fuerzas interiores exteriorizadas en la búsqueda de lo anímico y de lo espiritual.

En la mano izquierda, la de la intuición, el Ermitaño empuña una caña de bambú compuesta por ocho segmentos, que indican que el iniciado prueba el terreno y pide auxilio, en su camino, en sus elecciones interiores, a la octava carta, al libre albedrío. Los nudos de la caña son siete para representar el setenario mágico.

El Ermitaño, al escoger el camino de la espiritualidad, muestra su capacidad de dominar completamente las fuerzas negativas del mal representadas por la serpiente. Estas se pueden superar si se ponen al servicio de las fuerzas del bien.

Esta carta lleva simbólicamente la cifra VIIII.

El nueve está formado por tres veces el número tres, que encarna al ser humano en su totalidad: cuerpo, alma y espíritu. Símbolo de la iniciación, se representa con un cuadrado dividido en nueve partes, que, colocado en ángulo, simboliza la energía activa y la lámpara del Ermitaño, que ilumina el camino de la evolución.

La carta también hace referencia a la taumaturgia: el iniciado, gracias al conocimiento, emplea las fuerzas negativas y las purifica para ayudar a los demás.

La carta es también el símbolo del maestro espiritual que no revela jamás ningún secreto: el sabio no arroja jamás margaritas a los puercos, pero indica el camino que el iniciado debe recorrer, compuesto de renuncias y pobreza. El maestro sólo puede aconsejar el camino que se debe seguir, pero será el iniciado el que deberá buscarlo por sí mismo, profundamente, dentro de él, para convertirse así en el Ermitaño.

X - La Rueda de la Fortuna (La Roue de Fortune)

El Arcano X se compone por una rueda que gira y por tres personajes. En la base de la carta se puede observar un mar ondulado. Representa el océano caótico de la vida terrenal, donde cada uno debe vivir su propia vida según las leyes del destino (karma).

En este mar agitado hay dos embarcaciones en forma de media luna y con las puntas dirigidas hacia arriba; una es roja y la otra, verde. Encarnan la base de la vida, el reino de Malkhut: los colores son las dos corrientes vitales, una positiva y otra negativa. De las embarcaciones surgen dos serpientes, una roja y otra verde, enrolladas en el pilar central de la rueda. La serpiente roja representa la corriente positiva, el principio masculino; la verde, la corriente vital negativa, el principio femenino. Estas son las fuerzas constructoras, la energía vital que surge del *chakra* inferior hacia el superior y representa también el ADN genético, el principio de la vida. El poste que sostiene la rueda está fijado a las embarcaciones.

La rueda está formada por dos círculos concéntricos: el externo es rojo y el interno, azul. Simbolizan la turbina generadora de la vida: el azul, el sí espiritual; el rojo, la actividad creadora. Los radios constituyen las fuerzas de los siete planetas, las fuerzas astrales dispensadoras de energía vital.

Sobre el centro de la rueda se ve una manivela que simboliza el arranque de este ciclo, accionado por un ser superior invisible que, al ponerlo en marcha, deja que este se consuma por sí mismo.

En la parte derecha de la carta surge un humanoide. Con la mano derecha sostiene el caduceo de Mercurio, la varita mágica, fuerza vivificadora, capacidad generadora, elemento beneficioso. Este personaje encarna las fuerzas positivas, el calor, la vida, el solsticio de invierno, la entidad espiritual que, después de haber cumplido el ciclo terrenal kármico, se desnuda ante la corteza material y asciende hacia el juicio de la Esfinge.

En el lado izquierdo de la carta se distingue un monstruo anfibio que evoca las fuerzas materiales a las cuales deberá someterse de nuevo. Representa el genio de la materia caótica, la condensación, el solsticio de verano. Está provisto de un tridente y tiene los pies en forma de aletas. Estos son los medios de los que dispone para moverse en el agua, donde va a precipitarse, y le sirven para combatir las fuerzas del ego. Simboliza, pues, el ser espiritual que, tras no haber superado todas las pruebas de la vida, retoma un cuerpo material para poder purificarse.

Encima de la rueda, en la zona central, sobre una plataforma, encontramos la Esfinge, el principio del equilibrio. Está armada con una espada, como la Justicia, porque su deber consiste en juzgar el comportamiento del hombre en el mundo material. Como la Justicia, representa la ley del karma, y la espada es el karma negativo.

En esoterismo, el número diez simboliza la unidad y, más exactamente, la totalidad englobada dentro de la unidad comprendida por la totalidad.

La décima carta simboliza la visión del profeta Ezequiel, la rueda del destino, el movimiento kármico, el más importante pentáculo, el secreto del gran Arcano, gracias al cual el iniciado se convierte en el amo de las fuerzas de la naturaleza.

El iniciado, gracias a la búsqueda interior, ha logrado comprender los grandes secretos de la vida. De esta forma, ahora puede continuar, por medio de este conocimiento, hacia el camino de la espiritualidad.

XI - La Fuerza (La Force)

Las veintidós cartas también se pueden dividir en dos líneas formadas por once cartas cada una: la primera es activa, masculina; y la segunda, pasiva, femenina.

La Fuerza, el Arcano XI, es el último Arcano de la primera vía. El personaje que la encarna lleva en la cabeza un gorro formado por una corona de oro con cinco puntas, símbolo de la realeza espiritual y de la quintaesencia, y con un ala en forma de ocho tumbado, símbolo del infinito, el mismo que hemos encontrado en el Mago.

Sus cabellos son rubios y representan la sublimación de la materia.

Su rostro es sereno, en virtud de la tranquilidad espiritual que ha alcanzado finalmente.

El color azul de su traje sugiere la espiritualidad; el verde del cuello de la capa y las mangas, la vitalidad; y el amarillo, el idealismo más alto.

El escote del traje presenta un ribete blanco para indicar pureza.

El manto rojo ejemplifica la energía con la cual se genera la acción. El cordón que une el manto es amarillo y en espiral, y simboliza las dos corrientes, positiva y negativa, en movimiento, de izquierda a derecha y viceversa.

La Fuerza tiene abiertas las mandíbulas de un león, que encarna la materialidad, la pasión, los instintos, los vicios, todas las partes negativas del ser, el solsticio de verano, que, como posición zodiacal, es el súmmum del materialismo.

La Fuerza es un personaje femenino que, con la dulzura y la voluntad, logra obtener el completo dominio de las fuerzas negativas: no mata al león, sino que lo domestica y utiliza para finalidades más nobles.

Ello significa que los instintos más bajos del hombre no son reprimidos, sino que deben ser transformados en materia noble, a fin de que puedan emplearse en beneficio de la evolución. La carta, por tanto, ejemplifica la fuerza de voluntad alcanzada tras renunciar, es decir, el dominio de los vicios y no su eliminación.

La carta también indica la trasmutación, el cambio de los metales vitales en metales nobles.

Por otra parte, el número 11 nace de la unión del seis, el hexagrama o sello de Salomón, con el cinco, símbolo del hombre.

Así pues, 6 + 5 es igual a la Fuerza.

El hombre, cuando toma posesión del equilibrio perfecto, de los conocimientos del microcosmos o del macrocosmos, domina estas fuerzas con ánimo tranquilo y sereno.

El microcosmos ve en el hombre una entidad superior, y para ello lo utiliza; el macrocosmos, en cambio, ve en él (evolucionado) su propia imagen y, por lo tanto, le suministra la energía necesaria para llevar a cabo la Gran Obra.

XII - El Ahorcado (Le Pendu)

Con el Ahorcado, el Arcano XII, se abre el segundo ciclo de once cartas, esta vez de la vía pasiva y femenina.

A partir de esta carta, el Mago ya no se implica de una forma activa, sino que permanece pasivo y deja que las fuerzas influyan libremente sobre él. Esta pasividad viene indicada por la posición de su pierna iz-

quierda, colgada de un tronco en vertical, y por los brazos, aparentemente atados detrás de la espalda.

El tronco en vertical está apoyado sobre dos troncos de árbol verdes que representan la pasividad, lo estático, las dos columnas del templo de Salomón (Jakin y Boaz).

En cada uno de ellos hay seis ramas de color rojo (la espiritualidad activa), que representan un doble hexagrama. Las ramas han sido cortadas e indican el sacrificio y la inmolación.

Así pues, la espiritualidad se repite doce veces y representa la unidad y la totalidad de los doce signos del zodiaco.

El Ahorcado tiene la cabeza dirigida hacia la tierra porque su tarea está enfocada hacia el mundo material, es decir, ayudar a los demás y vivir en sintonía con la naturaleza. El traje presenta los colores blanco y rojo alternados: el primero indica la pureza de ánimo y el rojo, la actividad enfocada hacia la búsqueda de lo justo y el alejamiento del error, del mal.

Sobre las faldas del traje se pueden observar dos medialunas, una blanca y otra roja, alternadas, opuestas. La blanca, en el lado izquierdo, es creciente y representa la intuición y la imaginación; la medialuna roja, en el lado derecho, simboliza la actividad y la interpretación exacta de la intuición habida de la luna creciente.

A pesar de haber elegido el sacrificio, el Ahorcado tiene el rostro calmado y sonriente porque la fe lo muestra comprensivo y al mismo tiempo lo motiva.

Los brazos sostienen dos saquitos, de los que caen monedas de oro y plata. Son los tesoros espirituales de los cuales se ha enriquecido su intelecto.

Las monedas de oro representan el Sol, el espíritu, la razón: son las ideas justas alcanzadas a través del conocimiento conquistado. Las monedas de plata simbolizan la Luna, el alma, la sensibilidad, y encarnan sus sentimientos, sus deseos encauzados hacia el bien.

Estas monedas caen porque el Ahorcado ofrece a los demás, sin pedir nada a cambio, todo su bagaje de experiencias positivas espirituales.

La posición de las piernas en forma de cruz, símbolo de su sacrificio, y sus brazos, que forman un triángulo con el vértice dirigido hacia abajo, representan el microcosmos. Esto simboliza el sacrificio del iniciado hacia el mundo terrenal. La carta también evoca el misticismo, la santidad, el ascetismo, el sacrificio de la propia vida para ayudar al prójimo, sostenido por una fe superior. Con esta carta, el iniciado ha decidido sacrificar su propia individualidad en favor del amor universal, porque siente que este comportamiento lo eleva espiritualmente.

XIII - La Muerte (La Mort)

El Arcano XIII es la primera carta en la que no encontramos ninguna letra hebrea; no por hechizo, sino porque la carta representa el camino continuo y encierra en sí misma las otras doce cartas. Así, si tuviera que colocarse un símbolo, sería necesario escribir los doce anteriores. En esta carta aparece representado un esqueleto de color carne, icono del materialismo al que se refiere la muerte.

El esqueleto empuña una guadaña con el mango rojo, que representa el fuego transformador de la materia. La carta es blanca para designar el alma abandonada sobre la tierra al mismo tiempo que el cuerpo. La guadaña de

la Muerte restituye a la tierra los cuerpos materiales, ya que estos elementos físicos pertenecen a este planeta. Los restos humanos están sobre la tierra.

A la izquierda de la carta se puede ver una cabeza con una corona real. Simboliza la inteligencia, la voluntad y los nobles instintos, dotes que no pueden morir de muerte física. A la derecha, una cabeza de mujer sugiere la espiritualidad y el amor. Las manos que surgen de la tierra se corresponden con la acción no interrumpida por la muerte física.

Todos estos elementos son indestructibles y quedan como equipaje del ser, con lo que el hombre se muestra como una entidad espiritual y no física.

Esta carta indica la muerte material y el renacimiento espiritual; por lo tanto, representa la no muerte, la vida. Sólo el espíritu es inmortal y prosigue en el camino hacia la luz.

Las plantitas esparcidas sobre el terreno señalan el nacimiento y el crecimiento de la espiritualidad. El iniciado, para proseguir con su camino y poder nacer en un plano superior, debe renunciar a todo lo material.

Esta carta es el símbolo de la iniciación esotérica: el hombre, gracias a las renuncias y a las pruebas que debe haber superado, termina con su vieja existencia para renacer completamente renovado tras haber tomado conciencia y ser testimonio de los planos superiores (los dedos de las manos, unidos, representan al iniciado). El hombre, en este punto, tiene pleno dominio de sus cuerpos más sutiles —etérico, astral, mental— y accede a la clarividencia y a la taumaturgia.

Jesucristo representaba el trece, y cada apóstol era una fuerza distinta exteriorizada del mismo Cristo. También Judas representaba una fuerza útil, el mal que sirve para coronar el bien y para realizar la Gran Obra. Cristo no podía sacrificarse en la cruz sin un apóstol traidor.

Los doce apóstoles son los doce cuerpos del mismo Cristo. Juan, Santiago y Pedro eran las esencias más puras, y por ello operaban en íntimo contacto con el maestro.

Judas representaba la parte más común, utilizada para cumplir la realización, el mal que se utiliza y no se dispersa.

El número trece indica, de hecho, un nuevo renacimiento, un gran cambio, la unión de todas las fuerzas y la comprensión de todos los misterios.

XIIII - La Templanza (La Temperance)

Esta carta cierra el segundo setenario, es decir, la segunda vía, la del alma. La Templanza está representada por una mujer alada para indicar que el elemento en el que se mueve es etéreo, espiritual, trascendente. Es el Arcano XIIII.

Esta mujer está realizando la acción de traspasar el líquido de un ánfora de plata colocada en la mano izquierda a una de oro en la mano derecha.

El ánfora de plata simboliza el sentimiento, la imaginación, la búsqueda interior. En ella, bajo una forma etérea y psíquica, están los conocimientos de la magia, de la espiritualidad. El líquido que pasa al ánfora de oro produce la condensación, el cambio alquímico.

El ánfora de oro representa la conciencia, la actividad, la razón. Este pasaje ejemplifica el *prâna*[4] que el iniciado, gracias a los conocimientos, es capaz de asumir de los depósitos superiores para esparcirlo a quien tiene la

---

4. *Prâna:* nombre dado al soplo vital en las filosofías indias y que a veces califica al aire inspirado.

necesidad de ayuda. En la base de todo ello encontramos los milagros de las diversas religiones.

El vaso de oro está a disposición de todos, y quien intenta curar a los demás sólo con este, y no con el de plata, únicamente practica el magnetismo, energía vital de la cual están en posesión todos los seres vivientes.

Quien, sin embargo, posee el conocimiento del depósito del ánfora de plata es capaz de expandir la fuerza vital cósmica presente en las vibraciones etéreas: esta es la única y verdadera medicina de los santos y de los sabios, la pura taumaturgia.

La Templanza está representada por una mujer con los cabellos rubios, entre los cuales se encuentra el símbolo del Sol, las fuerzas solares, la acción iluminada por el espíritu. Los colores del traje son: el rojo, que sugiere actividad; el azul, que indica espiritualidad; el verde, que simboliza vitalidad; el blanco, que evoca pureza; y el amarillo, que designa el mundo material en el cual el ser opera.

A sus pies se puede ver una flor roja que ya hemos encontrado en otras cartas. La flor está por abrirse y es alimentada por esta energía vital representada por el líquido vertido. Además, tiene tres hojas, que representan el ternario divino.

La Templanza encarna también al ángel solar, identificado con el arcángel Rafael.

El líquido vertido representa la purificación iniciadora, seguida por el lavatorio en el agua espiritual. Representa el bautismo de la iglesia católica cristiana.

El agua, símbolo del alma, es a la tierra como la sangre es a las células, es decir, el elemento líquido que transporta el oxígeno. El agua, por otro lado, es la sangre de la tierra y, por lo tanto, el elemento anímico. Bañarse en el agua significa purificarse con el alma de la tierra.

El iniciado, para poder proseguir su camino, ha tenido que purificarse anímicamente y eliminar las escorias de los deseos y de los vicios.

xv - El Diablo (Le Diable)

Esta carta marca el inicio de la tercera vía, la del cuerpo. Representa un diablo sobre un pedestal con dos diablillos encadenados. Se trata del Arcano XV.

La cabeza del diablo, con los cuernos, las orejas y la barba, simboliza el pentagrama resplandeciente girado que hemos encontrado ya, derecho, en la quinta carta, en el Papa. También el significado en esta quinta carta está al revés: no representa al hombre, sino a la bestia, es decir, todos los instintos más bajos que la caracterizan.

El Diablo está provisto de dos cuernos amarillos (el materialismo), en cuanto que es el amo del mundo material; y a través de ellos puede recibir energía del mundo en el que vive.

La cabeza es roja y presenta un rizo entre los dos cuernos; es el fuego ardiente de los vicios y de los instintos. En la frente aparece un pentagrama blanco, que indica que el hombre evolucionado está en grado de dominar la materia, sobrepasándola. Representa la chispa de la vida que se encuentra también en este ser.

El diablo es un ser andrógino porque representa la humanidad; de hecho, el símbolo colocado sobre el pubis indica hermafroditismo. Representa a

Mercurio, formado por el símbolo de Venus, que sobrepasa la guadaña de la Luna. La cruz hacia abajo indica el deterioro, la detención de la evolución del ser; la guadaña, por su parte, representa la actividad material. Ejemplifica también la unión del Sol, lo masculino, con la Luna, lo femenino. La cruz hacia abajo señala la bajeza no evolutiva del diablo.

El tórax presenta pechos femeninos cuyos pezones rojos, junto con el ombligo, también rojo, forman un triángulo con el vértice dirigido hacia abajo, símbolo del microcosmos, del materialismo.

Los pechos y los pezones representan la nutrición material que nos viene dada.

En su mano izquierda, el Diablo tiene el símbolo de la unión de los sexos, compuesto por una parte horizontal —amarilla, pasiva, femenina— y otra vertical —roja, activa, masculina—. En la mano derecha tiene un cirio encendido en el que arden los vicios y los instintos egoístas, que se disuelven hacia la luz astral de la tierra.

Sobre el brazo derecho del Diablo aparece tatuada la palabra *Solve* («disuelve» y en el izquierdo, *Coagula*, («Coagula»). Son dos términos latinos que hacen referencia al movimiento de la energía que se disipa del brazo derecho y es captada por el izquierdo para coagularla. Si nos referimos a una imagen concreta, esta podría corresponder al agua que se evapora, luego se condensa y finalmente cae al suelo. Con esta imagen se nos quiere hacer recordar que cada vicio, cada pensamiento negativo, tendrá una repercusión en el mundo físico (karma negativo). Gracias a estas energías, el hombre podrá asumir un cuerpo físico que le permitirá purificarse.

La parte inferior del cuerpo está formada por patas de animal con escamas verdes que representan los bajos instintos animales.

Las alas azules indican que el ser negativo está creado también por los pensamientos negativos de los hombres.

Las dos garras sobre las alas ejemplifican que el diablo es un ser espiritual dotado de una forma etérea que ha escogido el camino de lo material, que perdurará hasta que los hombres lo alimenten de deseos y de vicios, hasta que el ser humano siga dando importancia al mundo material.

El Diablo está de pie sobre un pedestal, que representa el mundo material donde todo sucede. El cubo azul indica que el Diablo se mueve también en el mundo etérico. El cubo está provisto de tres escalones superiores y tres inferiores, que representan la acción recíproca que se ejerce entre las profundidades y las alturas.

En el pedestal están encadenados un diablillo (sátiro) y una diablilla (fauna). El Diablo se desdobla en dos polaridades: el macho representa la polaridad positiva y la hembra, la negativa. En el ser femenino toman forma los vicios capitales femeninos (envidia, gula, lujuria y soberbia), y en el masculino, los vicios capitales masculinos (pereza, avaricia e ira). La diablilla se corresponde con Venus y el sátiro, con Saturno.

El diablillo tiene el brazo izquierdo colocado cerca del músculo derecho del diablo y la diablilla tiene el brazo derecho cerca de la pezuña izquierda del diablo. Esta imagen simboliza el pasaje del fluido vital material. El Diablo capta el fluido del sátiro y lo transmite, a través de la pezuña, a la fauna, la cual lo envía al sátiro a través de un nudo que lo ata. El fluido, antes de llegar al sátiro, pasa a través de un anillo que se encuentra en el pedestal, porque estas energías deben pasar a través del mundo material.

El mal, representado por el Diablo, existe porque también lo hace el bien, y sirve para ponerlo en evidencia. No existiría la luz si no lo hicieran las sombras. Y estas no son más que una proyección de la luz; he aquí por qué la creación material es trabajo del demonio.

El hombre, como ser espiritual viviente en un mundo de ilusión material (mundo de Maya), puede en cada momento trascender y volver al verdadero mundo al que pertenece. Quien emplea la estrategia y la magia negra se pone al servicio de estas fuerzas, por las cuales queda sometido; mientras que el iniciado da gracias de su pureza y espiritualidad empleándolas sólo para finalidades benéficas, y así estas le obedecen.

XVI - La Torre (La Tour ou Maison-Dieu)

El Arcano XVI presenta la imagen de una Torre. Es un monumento antiguo, de aspecto fálico, construido por el hombre como símbolo de potencia, de mando, de superioridad.

Esta Torre ejemplifica también la encarnación del hombre (el único animal que puede elevarse espiritualmente). Su objetivo no es dirigirse hacia la materialidad. Este cuerpo, esta construcción, sirve para purificarse, para valorar la espiritualidad. La Torre está formada por ladrillos que representan las células que componen el cuerpo. O bien, análogamente, cada ladrillo puede representar al individuo y la totalidad de la torre, la sociedad (lo que lleva a pensar en la torre de Babel).

El color de los ladrillos sugiere la carne, el mundo material viviente. Arriba, las almenas están bordeadas de oro en señal de espiritualidad.

Más abajo vemos una línea de ladrillos rojos que representan la actividad religiosa. Y aún más abajo se puede observar una línea de ladrillos verdes, símbolo del misticismo. Los objetos que caen representan las falsas religiones, es decir, todas aquellas que se esconden bajo unas enseñanzas y una espiritualidad no auténticas; aquellas religiones que predican el amor por Dios, pero cuya práctica es distinta a su doctrina, ya que está dirigida a la materia y no al espíritu.

La Torre presenta cuatro aperturas: una grande y tres pequeñas. Están bordeadas de rojo, que representa la actividad constructora. La apertura grande no tiene puerta, para que el ingreso sea más fácil, e incluso se puede acceder pasivamente.

Más arriba encontramos dos aperturas, dos ventanas: una a la izquierda, que representa la ciencia, la tecnología; y otra a la derecha, que simboliza el razonamiento y el mundo anímico.

Un poco más arriba hay otra ventana, símbolo de la ambición, la presunción, las especulaciones de la fe. Y por este motivo la Torre se llama Casa-Dios.

La Torre es destruida por un rayo de Sol que representa la razón suprema que gobierna a los hombres (la ley divina, el karma). En el Sol, se entrevén dos rayos rojos que simbolizan la acción, la voluntad purificadora. El rayo va acompañado de una nube, la energía etérea que se expande.

Esta imagen toma sentido si se tiene en cuenta que todo lo racional tiende a un fin material; la tecnología moderna sirve para este motivo. Los dos personajes que aparecen en la carta reciben el castigo por su presunción.

El primero es un rey, que, en su caída, conserva la corona, lo cual significa que su realeza es espiritual y, por lo tanto, duradera. Puede indicar la cabeza de una Iglesia.

En el momento que cae traza la palabra hebrea *Ayn*, a la que está dedicada la carta. Los principales colores del traje son el azul, el verde y el rojo, puesto que este hombre debe dar la impresión de dirigirse exclusivamente a la espiritualidad con el azul, al misticismo con el verde y a la voluntad con el rojo, mientras que su pierna izquierda está cubierta de color amarillo, así como su cintura, lo que indica que su obra se apoya en el materialismo y se ciñe a los vicios.

Detrás de la Torre se puede observar un segundo personaje vestido de rojo; es el arquitecto que la ha construido, y ese color representa la actividad del constructor. Tiene la manga izquierda azul, que simboliza la chispa individual. El arquitecto de la Torre (nuestro cuerpo físico), que se pone al servicio de la realeza espiritual, encarna la materia genérica que se multiplica en el útero materno para construir un cuerpo material. El arquitecto muere con la Torre al caerle un ladrillo sobre la nuca, y se convierte así en una materia transitoria. Durante la explosión de la Torre, se proyectan alrededor esferas multicolores: representan la condensación de las energías vitales, el cuerpo astral, el alma, el cuerpo etéreo y el cuerpo físico. Estas energías están suspendidas en el espacio etéreo para indicar que subsisten durante un cierto periodo de tiempo antes de ser absorbidas completamente.

El número de esferas asciende a 16, la numerología de la carta. Hay cinco amarillas, cinco verdes y seis rojas. Las verdes y las amarillas pertenecen al mundo material. Son menos numerosas que las rojas, ya que estas representan la energía espiritual que trasciende de este mundo.

De la Torre caen siete ladrillos que simbolizan el setenario, la base constructiva de este mundo material. Con la decimoquinta carta, el Diablo, hemos visto que cada ser está formado, al inicio de su camino, por un cuerpo material, instintivo, y por una chispa divina, el pentagrama sobre la frente del Diablo.

La Torre nos advierte de que no debemos trazar la finalidad en la vida hacia el materialismo, el sexo, las riquezas, los placeres, el poder temporal, sino en desarrollar nuestra espiritualidad, pues de lo contrario nuestra presunción será atacada y deberemos comenzar de nuevo desde el principio.

Esta advertencia está, en nuestros días, dirigida también a los industriales y a los hombres de poder que encauzan su vida hacia el enriquecimiento, la megalomanía y el sometimiento de los demás para aumentar sus bienes materiales.

Esta carta también representa el pecado original.

XVII - Las Estrellas (L'Etoile)

Con las Estrellas, se continúa el camino dedicado a la evolución del cuerpo. En esta carta se pone en evidencia el lado positivo del mundo material, que no debe ser despreciado. Se debe vivir en comunión con él para poder alcanzar la evolución espiritual.

Se nos recuerda que el hombre, aunque se someta a las renuncias, no debe llegar al sacrificio físico, sino respetar su cuerpo en cuanto que forma parte de la naturaleza. Cuerpo-alma-espíritu están unidos el uno con el otro, por lo tanto, cada cambio sobre uno de estos planos repercute sobre el otro.

El Arcano XVII representa una muchacha desnuda: la representación de la naturaleza. Tiene largos cabellos rubios y no lleva ningún traje.

Con la mano izquierda sostiene un ánfora de plata y vierte con ella un líquido sobre la tierra. En la mano derecha también lleva un ánfora, pero de oro, y vierte un líquido sobre un espejo de agua. Son las mismas ánforas que las de la Templanza: la de plata representa el sentimiento, la imaginación, la búsqueda interior; y la de oro, la conciencia, la actividad, la razón.

El líquido que representa estas dos energías es vertido sobre la tierra y en el agua para indicar que dichas energías vitales deben encauzarse, ya sea sobre la parte física de la naturaleza (tierra) o sobre la parte anímica (agua).

El hombre no debe dirigirse a la naturaleza sólo con la acción, con su comportamiento ecológico, sino que ha de estar en sintonía con ella; incluso también a nivel anímico, debe desarrollar pensamientos y sentimientos sinceros y estar con ella en perfecta comunión.

A la derecha de la carta hay un ramo de acacia; a la izquierda, una rosa roja abierta. El ramo simboliza la inmortalidad; la rosa, el amor y la belleza. En el tallo de acacia se pueden observar unas hojas nuevas, que representan la búsqueda interior del hombre.

Estas plantitas viven a través de la naturaleza mediante estos fluidos vitales que, indirectamente, mediante el agua y la tierra, las riegan.

La madera de la acacia y la rosa roja son el símbolo de la Rosacruz, una escuela iniciática esotérica alemana. El símbolo significa que su fe no es ciega, pero sí activa en la búsqueda y el conocimiento.

Sobre la rosa hay una mariposa con las alas celestes, que representa los pensamientos elevados; tiene manchas rojas sobre las alas, que indican la actividad, la acción, la búsqueda. La mariposa en sí representa la transformación. Ha eliminado las escorias y se ha provisto de alas para poder librarse en el mundo etéreo de los pensamientos y del amor, y se ha colocado sobre la corola de la rosa para saborear el perfume suave de los más nobles sentimientos.

Así pues, el pensamiento humano debe desprenderse de los condicionamientos, del dualismo, y dirigirse hacia el amor total de aquello que lo circunda. A este propósito recordamos la labor de San Francisco.

En el fondo de la carta vemos un precipicio, el cual indica el equilibrio inestable de la naturaleza, que está protegida. De hecho, bastaría sacar un solo anillo de la cadena ecológica para provocar catástrofes.

En la carta también hay ocho estrellas, siete pequeñas, el setenario, encerradas en la octava más grande, que representa Venus, o Lucifer,[5] el dispensador de la vida material.

---

5. *Lucifer* significa textualmente «portador de luz»; nos permite purificarnos cuando se transforma en cuerpo material (luz condensada). Lucifer también se identifica con el planeta Venus. El símbolo de esta carta se corresponde a veces con el de Venus. De hecho, es el planeta que se puede observar más fácilmente, pues puede observarse a simple vista.

Este gran astro proyecta ocho rayos verdes entre sus ocho rayos de oro, símbolo de la ley divina, la trascendencia. Los rayos verdes ejemplifican el deseo emanado por el astro de materializarse, de tomar cuerpo, lo que resulta necesario para poder afrontar las pruebas de la existencia.

Encima de la cabeza de la muchacha brilla una estrella azul, la más pequeña, exactamente debajo de la más grande, y representa la estrella personal de cada ser. Simboliza también el espíritu guía o ángel custodio. Según las teorías de Paracelso, a cada hombre le corresponde una estrella en el cielo. El hombre debe estar en sintonía perfecta con la naturaleza, porque está revestido de ella, para poder cumplir la propia obra.

En la carta aparecen las estrellas para recordarnos que el hombre no es un ser terrestre. Es un ser astral, y todos los astros tienen directa influencia sobre él. El hombre, de hecho, no nace en este mundo por casualidad, sino en un tiempo zodiacal idóneo, predestinado, de modo que las influencias astrales formen parte de la ley del karma. Los astros no son seres materiales, poseen alma y espíritu, y por lo tanto, son entidades vivientes.

Esta carta representa el mundo del sueño profundo. Durante este, el hombre abandona su cuerpo físico y vive en los espacios astrales de los que proviene. Al despertarse, no es consciente de este estado, y parece que debe proceder a su purificación terrenal.

XVIII - La Luna (La Lune)

El Arcano XVII representaba la Creación y la naturaleza, y recordaba que el hombre formaba parte de esta. Para continuar su camino debe conocer las fuerzas de la naturaleza y saber dominarlas a fin de no dejarse influenciar. Y esto es lo que enseña el Arcano XVIII, la Luna.

Esta carta representa la magia, que únicamente debe ser considerada como el conocimiento de las fuerzas de la naturaleza. Quien se encamina hacia la vía de la magia no debe hacerlo con desinterés y facilidad, puesto que este camino es peligroso y está lleno de pequeñas trampas en las que el hombre puede caer. Quien tome este camino debe estar preparado para afrontar pruebas, renuncias y sacrificios, por ello el hombre tímido y débil no puede recorrerla, pues encontraría la locura y la muerte.

En la parte inferior de la carta vemos un cangrejo rojo moviéndose en el fondo de un estanque, que representa nuestro inconsciente, la psique; el cangrejo rojo es la actividad del inconsciente y nos recuerda que se mueve en el pasado. El cangrejo tiene el deber de ordenar nuestro inconsciente, fagocitando los contenidos arrepentidos, es decir, devora las experiencias que roban nuestra conciencia y que son relegadas, así, hacia los estratos más profundos de nuestro propio inconsciente. Esta idea aparece representada por su coraza petrificada, que hace de barrera.

En la orilla del estanque hay un sendero que lo bordea, porque es fácil caer en las visiones introspectivas de nuestro inconsciente y ser influenciado por estos fantasmas de las tinieblas. El sendero pasa obligatoriamente entre dos perros, uno negro y grande, y el otro pequeño y blanco, que delimitan dos zonas.

Es bastante fácil llegar hasta donde el camino es recto y bordea el estanque; pero después de pasar los perros, se vuelve tortuoso y se pierde más allá de los límites de la razón. El can blanco, símbolo de la pureza, se levanta sobre las cuatro patas para indicar que el suyo es un mensaje espiritual; ladra contra los incrédulos, los impíos, los ateos. El gran perro negro de la derecha permanece estirado, ya que pertenece al materialismo, ladra a quien está en contra del orden y la objetividad, a quien está inclinado al exceso y a los vicios. Para poder proseguir, el hombre no debe temer a estos canes si es que posee las virtudes que ellos exigen. Además de los dos animales, se observan dos torres cuadradas, una a la derecha y otra a la izquierda; su color, como en el Arcano XVI, nos indica que son construcciones vivientes.

Las dos torres son la última advertencia y recuerdan al incauto viajero que la meta a la cual aspira no se puede alcanzar el sendero esté iluminado por los fríos rayos lunares, que todo lo distorsionan y falsean.

La torre de la derecha nos avisa para que no perdamos el equilibrio psicofísico, el control del propio cuerpo y la moralidad. Tiene una puerta bien visible porque se refiere a la parte física, la más conocida.

La torre de la izquierda, en cambio, nos previene de la posible influencia de la imaginación, de la exaltación y de las falsas doctrinas. Mejor la ignorancia que la locura.

En el cielo brilla la Luna, representada por un perfil femenino con trazos un poco hinchados, para recordar la falsa belleza. La Luna emite 18 rayos amarillos, la numerología de la carta, los cuales simbolizan su acción material. Entre estos vemos pequeños rayos rojos que representan la débil actividad espiritual del astro. Ello significa que su luz favorece una visión subjetiva de la realidad, tapándola con un falso velo. Las gotas al revés, de color rojo, verde y amarillo, corresponden a las energías que se elevan hacia el astro para ser absorbidas, puesto que la Luna no es distribuidora de energía como el Sol, sino que más bien la atrae.

La Luna, en magia, es el símbolo femenino, la pasividad, la falta de acción; dotes que, sin embargo, deben estar siempre presentes en el iniciado.

La carta nos recuerda que para proseguir el camino es necesario alcanzar el verdadero conocimiento, que obviamente es representado por el Sol.

La Luna frena en cierto sentido nuestra evolución, pero es una disminución necesaria y útil; el hombre quedaría deslumbrado y fulminado por la visión imprevista de la verdad. Gracias, pues, a las sombras lunares, la toma de conciencia se produce lentamente, pero al final madura; el hombre disipa gradualmente la luz abundante de la Luna para dirigirse hacia el Sol. Su símbolo puede ser representado por la plata, que es el metal lunar. Quien se pierde en la subjetividad, en el dualismo, en la falta de discernimiento, en la sombra del materialismo, seguramente será derribado en su camino. Quien se encamina hacia lo paranormal y se detiene en ello creyendo haber encontrado la meta, está sometido por las fuerzas lunares y, por lo tanto, está equivocado, puesto que no es este el camino que conduce a la evolución; como mucho puede tratarse de una etapa.

Quien se encamina hacia las prácticas ocultas sin apuntar más alto, solamente puede encontrar locura y perdición.

Sólo cuando el iniciado sienta brillar los calientes rayos del Sol dentro de él, podrá estar preparado para continuar su camino.

XVIIII - El Sol (Le Soleil)

El Arcano XVIIII nos adentra en el campo de la actividad. El Sol ha tomado el sitio de la Luna, iluminando los objetos y haciéndonos ver cómo son en realidad. El iniciado, que ha logrado distinguir lo verdadero de lo falso, ahora está seguro de encaminarse hacia la auténtica vía. Los rayos del Sol le darán energía y fuerza para que su camino sea el de la espiritualidad.

En la carta hay una joven pareja que representa la unión de la actividad y de la pasividad, del alma (ella) y del espíritu (él). La muchacha tiene la falda azul para indicar la espiritualidad del alma, mientras el chico luce el taparrabos rojo como símbolo de la actividad del espíritu. La pareja representa el matrimonio del sentimiento (la muchacha) y la razón (el muchacho). Gracias a esta alianza, el hombre puede realizarse tras haber eliminado el dualismo por medio del sabio discernimiento: se ha producido el gran cambio interior personal que no ha sido condicionado por el ambiente circundante. Esto significa que el hombre debe cambiar por sí mismo, sin esperar a que los demás cambien.

Los dos muchachos están situados en el centro de una aureola de flores azules, amarillas y rojas. El verde de la aureola representa la esencia vital en la cual estos atributos (las flores) toman vida. La aureola es circular para recordar el simbolismo proyectivo del Sol. Los muchachos están en el centro

para indicar que están inmersos en sus virtudes, representadas por las flores. El pie derecho del muchacho y el izquierdo de la muchacha se apoyan en la aureola. El derecho representa la razón y el izquierdo, el sentimiento. De este modo, los dos muchachos son un solo cuerpo. Detrás de la pareja surge un muro compuesto por cinco filas de ladrillos, la quintaesencia, formado por dos filas de ladrillos azules y tres filas de ladrillos rojos y amarillos, alternativamente. El azul representa la espiritualidad, la religión constructiva; el rojo, la energía activa, y el amarillo, el saber adquirido. Este muro está fundido con el espíritu fraterno que concilia las almas y une todos los elementos activos: fuerza, inteligencia y amor. El muro fue levantado por los hijos del Sol, transformando los bajos instintos en el oro moral. La ignorancia y el egoísmo han cedido su lugar al conocimiento y al amor. Estas virtudes son la esencia del muro, que las protege y las aísla de los ataques externos.

Sobre la cabeza de los dos muchachos brilla el Sol, con 12 rayos rectos amarillos y 12 rojos ondulantes. Los primeros representan la luminosidad y los rojos, el calor y la voluntad operadora, por eso son ondulantes. Los dos rayos inferiores rojos rozan la cabeza de los muchachos con el fin de proporcionarles energía y calor. Los hombres merecedores tienen siempre más de lo que dan.

Esta es la carta del amor, de la felicidad interior. Quien descubre la chispa divina posee la fórmula de la transmutación. Todo se vuelve alegría de vivir, felicidad, aceptación, ya que participa activamente de la realización de la Gran Obra.

El hombre descubre en sí mismo a un ser espiritual superior; trasciende, así, al materialismo, al odio, a la violencia, y se dirige hacia el amor puro, impersonal.

XX - El Juicio (Le Jugement)

Ahora, el iniciado ha comprendido cuál es el camino justo y se mueve en la luz divina, pero todavía falta la mitad del trayecto. Sometiéndose a nuevas pruebas, el iniciado se prepara para el gran cambio, es decir, para pasar a un plano superior. En el Arcano XX hay tres figuras humanas: padre, madre e hijo, la trinidad. En ella se ve una prevalencia femenina (el iniciado es rubio como la madre, y también los rayos rojos se dirigen hacia él) para indicar que este todavía está unido a la madre naturaleza, ya que posee un cuerpo físico. El padre tiene los cabellos rojos, símbolo de la actividad inicial del principio masculino. El hijo, situado de espaldas, surge de un ataúd azul y bordeado de blanco: representa la espiritualidad y la pureza alcanzadas después de una dura prueba (la purificación).

Debajo del ataúd se observa una línea de tierra marrón, que representa el pasado y las pruebas superadas. El joven nos recuerda al Mago al principio de su viaje.

Frente a él, inmersos hasta la cintura en un líquido verde, icono del alma terrenal, emergen, a la izquierda, la figura de la madre —símbolo del amor, la religiosidad y los sentimientos— y a la derecha, el padre —representación de la razón, la inteligencia y el conocimiento—. El hijo, en el vértice de este triángulo, recoge estas virtudes como ejecutor de la acción espiritual.

Sobre su cabeza se ve el ángel del juicio. Sus alas son verdes porque se mueve en el reino espiritual. Su traje, en cambio, es de color azul bordeado de blanco, simbolizando la pura espiritualidad divina. Las mangas rojas evocan la acción incesante del ángel del despertar.

Empuña una trompeta de oro para indicar el mensaje divino enviado por las esferas superiores al iniciado. Sobre la trompeta hay una bandera dividida en cuatro cuadrados por una doble cruz. Representa el cuádruple conocimiento filosofal, es decir, la culminación de la iniciación. El color rojo representa la cuádruple realización, la cruz de oro, el principio amarillo, y la amarilla, la completa espiritualidad.

También aparece el símbolo del Sol, la luz divina. Los cabellos dorados encarnan la trascendencia inteligente. La nube circular en la que está envuelto representa la abstracción concretizada, las fuerzas etéreas bajo la forma de energías inspiradoras que se aproximan al iniciado, el cual está listo para recibirlas.

Se observan seis rayos de oro y seis rojos, el doble hexagrama. Dos rayos de oro simbolizan aquello que alcanza el iniciado bajo la forma de ideas y pensamientos; los rayos rojos, a su vez, sugieren la ayuda voluntariosa y las acciones dirigidas hacia el amor. De estos rayos descienden llamas coloreadas rojas, verdes y amarillas. Se corresponden con los dones ofrecidos por el ángel del juicio al iniciado, quien, mediante el conocimiento, está en sintonía con él.

Esta carta representa el alto grado de iniciación que el hombre debe alcanzar para llegar a ser un maestro: primero debe morir para, posteriormente, renacer y dejar en el ataúd a su viejo yo.

Renacerá completamente renovado y desprovisto de su capa todavía imperfecta, en la cual estaba encerrado.

El maestro posee ahora nuevos órganos, los mentales, que le permiten moverse por planos superiores. Ahora está en situación de poder leer el pensamiento, de concluir la más perfecta taumaturgia y de vivir fuera del tiempo y del espacio. Pese a todo ello, es indiferente y sus acciones se dirigen hacia el camino de la espiritualidad.

XXI - El Mundo (Le Monde)

Con el Arcano XX, el iniciado ha llegado a un plano espiritual, ha dejado la materia, y ahora tiene el pleno conocimiento de los secretos de la naturaleza; por eso se ha convertido en un mago.

El Arcano XXI simboliza el resumen de todo su trabajo. Este Arcano, que constituye el triunfo del iniciado sobre la materia, encarna la victoria total del alma y del espíritu.

Ahora, el iniciado es el amo del mundo, todas las fuerzas están sometidas a él, incluso los ángeles corren en su ayuda plenos de una luz divina.

En el centro de la carta vemos a una mujer apenas cubierta por un trapo rojo que representa su incesante movimiento y simboliza el alma del universo, la vida presente en todos los seres, la creación.

Con la mano izquierda sostiene dos varitas: una acabada con una esfera azul, y la otra, con una esfera roja. Son los iconos de las energías captadas y restituidas, que crean así el remolino vital. La varita con la esfera roja capta el calor celeste que arde gracias al soplo provocado por la de color azul. Tal y como ya hemos mencionado, estas varitas están en la mano izquierda, la mano que absorbe; la derecha, en cambio, dirigida hacia abajo, ofrece energía.

La mujer se mueve dentro de una guirnalda compuesta por tres filas de hojas rojas sostenidas, por arriba y por abajo, por dos lazos cruzados. Esta guirnalda vegeta gracias al espíritu regenerador universal que se manifiesta en la mujer. Representa el movimiento de los astros y el movimiento perpetuo. Los dos lazos cruzados simbolizan los dos polos, positivo y negativo, que, al atraerse y repelerse, crean el movimiento inicial.

Las hojas de la guirnalda parten del centro, hacia abajo, y suben en filas de tres, a derecha e izquierda, para unirse arriba. Representan el doble ternario, el hexagrama, el microcosmos unido al macrocosmos para formar un todo.

En los cuatro ángulos de la carta se ven los cuatro símbolos de los evangelios: el León, el Toro, el Águila y el Ángel. En la parte de abajo, a la izquierda, el Toro de San Lucas evoca la tierra, la primavera; tiene los cuernos rojos para indicar la energía activa presente en él.

A su lado, a la derecha, el León de San Marcos simboliza el fuego, el verano; su crin evoca las llamas del fuego y el hocico amarillo representa el calor del verano.

En la parte de arriba, en diagonal respecto al Toro, encontramos el Águila de San Juan, lista para liberarse con el vuelo, que simboliza el otoño. Su cuerpo es azul porque evoca el aire, y el pico, las patas y la parte externa de estas son doradas, símbolo de espiritualidad.

En diagonal respecto al León encontramos el Ángel de San Mateo, que representa el agua, el invierno; está vestido de rojo (la actividad) y tiene las alas doradas, símbolo de los ideales más altos, condensados en torno a él en la nube que lo circunda.

El Ángel y los tres animales encarnan, por tanto, las cuatro fuerzas de la naturaleza (el símbolo de la cruz) puestas en movimiento por la acción central, simbolizada por el principio vital de la muchacha. Este movimiento se efectúa en el sentido de las agujas del reloj y se puede indicar con la cruz gamada (esvástica).[6]

Indica también los cuatro puntos cardinales, representados en el cielo por las cuatro estrellas colocadas en cruz, cuyo centro es la estrella polar.

El León (el fuego) transforma al Toro (la tierra) en vapor (el Águila), que se condensa después en agua (el Ángel) y baja sobre la tierra (el Toro).

En este punto, el iniciado vive en el mundo objetivo, donde todo se compenetra y se encuentra conectado.

Ha entrado en la unidad, la chispa divina; se ha unido a la luz superior.

El iniciado ha terminado su purificación y ha concluido así el ciclo de sus existencias. Ha alcanzado la meta.

El mensaje de los cuatro Evangelios también está transmitido en cuatro planos distintos. El Evangelio verdadero se corresponde con la unión de los cuatro.

Cada Evangelio describe la vía de Cristo hacia un nivel diferente (psíquico-etéreo-astral-anímico).

Sus sentidos son exclusivamente espirituales y, por lo tanto, trascienden este mundo de ilusiones.

Esta carta simboliza el movimiento incesante, la perpetuidad, la acción sin principio ni fin.

Las cuatro fuerzas de la naturaleza (tierra, fuego, agua y aire) crean en su interacción el movimiento incesante de esta. En el centro de las fuerzas se encuentra el espíritu creador, la ley divina por la que todo ha sido creado.

---

6. Uno de los más antiguos símbolos universales del movimiento.

Toda creación reposa sobre el movimiento en espiral, que se agita por el nacimiento de las galaxias o por el crecimiento de las ramas de un árbol. La espiral es el símbolo del movimiento creador y puede ser positiva o negativa, la unión de dos resultados en su justo equilibrio.

El movimiento incesante se produce gracias a la utilización de las cuatro fuerzas de la naturaleza, representadas en los cuatro símbolos de los evangelistas.

0 - El Loco (Le Fou)

Tradicionalmente, esta carta no aparece representada por ningún número, por lo tanto, su valor es cero. Cuando las cartas se colocan en círculo, se sitúa después de la carta 21 y antes que la 1, el Mago.

Esta carta representa a un hombre con la mirada perdida y los rasgos endurecidos, sin una meta justa, sobre un prado verde: el camino del alma.

En la cabeza lleva un vistoso turbante de colores (rojo, verde, amarillo y blanco), los cuales giran en sentido contrario al de las agujas del reloj. Representan el movimiento de los sentimientos (el verde), entrelazado con las ideas malsanas (el amarillo) y de la acción inconstante (el rojo), que impiden la esencia espiritual (el blanco). El cuello y la cabeza están envueltos en una indumentaria de red verde que representa las ideas contenidas, encerradas, en la parte superior del ser: son las energías del ser que no salen fuera.

En la mano izquierda, la de la psique, tiene un bastón apoyado sobre el hombro derecho; se trata del alma, que influye sobre la razón. El bastón azul representa su abstracción; a él va unido un fardo de color marrón (los bienes terrenales) con un tira roja (la acción material). En este saco están encerradas todas las riquezas inútiles. Con la mano derecha se apoya sobre un bastón rojo, símbolo de la acción orientada hacia las fuerzas negativas, por eso se dirige hacia atrás. El Loco cree que el bastón le ayuda; sin embargo, es una carta pesada que le aporta sufrimiento.

Lleva un traje de diversos colores, ejemplo de todas las incoherencias que hay en él. Un manto amarillo, símbolo del materialismo del que está recubierto, cubre sus hombros. Las mangas azules representan su espiritualidad ilógica. Los pantalones, amarillos y caídos (el materialismo), dejan ver los glúteos y los muslos, y descubren así sus bajos instintos.

Un lince ataca su pantorrilla izquierda, es decir, su parte inconsciente. Son sus instintos animales, sus errores, su falta de discernimiento, que lo conducen hacia la locura.

Entre las piernas del Loco hay un tulipán rojo, casi marchito. Es la espiritualidad presente en todos los seres, lista para florecer en cualquier momento si es alimentada con la justa energía, la quintaesencia, representada por las cinco hojas.

El Loco nos advierte de que el hombre que vive en su mundo de ilusiones, que se rodea de riquezas materiales, que camina sin apuntar hacia lo espiritual, derrocha la existencia. En él está presente también la chispa divina, y en cualquier momento de su vida puede adquirir la coordinación necesaria y transformarse en el Mago, la carta 1. Este significado se atribuye cuando la carta 0 aparece delante del Mago.

Sin embargo, cuando se sitúa después de la carta 21, el mensaje que se obtiene es el grave pecado de la presunción.

El Loco nos previene de no caminar si no es inteligiblemente. El maestro se convierte en un medio divino, nada más. Los secretos de la creación, los pensamientos de Dios, están más allá de la mente humana. Y quien aspire a ellos se adentrará en la locura y desaparecerá en la nulidad representada por el cero.

Es un grave acto de presunción creer que se puede conocer el pensamiento de Dios. Nuestra mente es pequeña y Dios es inmenso como el océano; sólo una pequeña parte podrá estar contenida en el pensamiento humano, el hombre tiene el deber de colmar su pequeño espacio con la esencia divina, pero una vez alcanzado, no debe creer que posee el conocimiento completo. Por esta razón, el símbolo correspondiente es el cero.

La adivinación

Purificación de las cartas

Con la purificación de las cartas eliminamos todos los posibles restos energéticos psíquicos acumulados durante su creación, desde el momento de la preparación del cartoncito, a la impresión y la venta. Todos estos pasos acontecidos antes de nuestra compra dejan una impregnación psíquica que a veces es altamente negativa, posiblemente porque quien las elaboró no les inspiró amor.

La purificación debe efectuarse en un lugar tranquilo y solitario, mejor si estamos solos en casa. Se colocan las cartas sobre una mesa con un mantel blanco. Las cartas estarán dentro de su estuche, y quien efectúe la purificación ha de colocarse con el rostro dirigido hacia el Norte magnético. Conviene perfumar la habitación con un olor oriental; son muy apropiadas las varitas de incienso, aunque siempre hay que tomar la precaución de encender un número de varitas impar. La única luz presente en la habitación será la emitida por la llama de una vela. A continuación, se cierran los ojos y se colocan las manos a unos milímetros de donde están las cartas, con las palmas dirigidas hacia abajo y los pulgares distanciados unos milímetros el uno del otro. Con los ojos siempre cerrados, se realizarán unos ejercicios de respiración profunda durante unos minutos (mínimo tres) y, a continuación, se pronunciarán las siguientes palabras:

> «En sintonía con las fuerzas de la naturaleza y de toda la creación, en el nombre de la bondad y del amor, pido que estas cartas sean purificadas. Os purifico, ¡oh cartas!, en el nombre de la justicia y de la sabiduría, y que mi operación esté dirigida hacia el bien y hacia la búsqueda de lo espiritual».

La purificación sólo debe realizarse si se cree en la acción que se está realizando; de lo contrario, el resultado obtenido será exactamente el opuesto. Si efectuamos la operación sin fe, impregnaremos todavía más las cartas de pensamientos falsos, y así es probable que el mensaje que aporten no sea el más correcto.

Consagración de las cartas

La consagración se efectúa tras la purificación, y si es posible, debe llevarse a cabo inmediatamente después. El ambiente ha de ser el mismo, a excepción del perfume; conviene impregnar la habitación con el olor correspondiente al signo zodiacal de quien efectúe este proceso (véase tabla de la página siguiente).

En este caso, se sacan las cartas del estuche y se colocan sobre la mesa —aún recubierta con el mantel blanco— en tres filas de siete, es decir, en la disposición de los caminos del espíritu, del alma y del cuerpo. En la última fila habrá ocho cartas, entre ellas el Loco. Mirando hacia el Norte, y con la única luz de la vela, hay que practicar durante tres minutos ejercicios de respiración profunda y visualizar a la vez el color violeta. A continuación, durante otros tres minutos, el pensamiento predominante ha de ser entrar en sintonía con los 22 Arcanos, la identificación de la esencia de las cartas que hay sobre la mesa. En ese momento, se colocan las manos a unos centímetros de las cartas, con las palmas dirigidas hacia arriba y a una distancia de tres o cuatro centímetros la una de la otra. Luego, en voz baja, se recitan las siguientes palabras:

> «Fuerzas del bien, espíritus de la luz, amor universal, yo os consagro estas cartas… (pronunciando uno a uno su nombre y número)…, que de ahora en adelante estarán en sintonía con mi ser y listas para vibrar a cada pregunta mía, porque están dirigidas hacia la búsqueda del bien. Así sea».

Finalmente, se envuelven las cartas en un trapo de color negro y no se tocan durante siete días. A ser posible, es preferible introducir también una fotografía.

TABLA DE PERFUMES ZODIACALES	
Aries	Primera década: ajenjo; segunda década: basílico; tercera década: pimienta
Tauro	Primera década: melisa; segunda década: jengibre; tercera década: rosa
Géminis	Primera década: vainilla; segunda década: acacia; tercera década: menta
Cáncer	Primera década: sándalo; segunda década: tilo; tercera década: ámbar
Leo	Primera década: angélica; segunda década: bálsamo; tercera década: ciclamino
Virgo	Primera década: gardenia; segunda década: acacia; tercera década: aquilea rosa
Libra	Primera década: iris; segunda década: almizcle; tercera década: jacinto
Escorpio	Primera década: nardo; segunda década: ginesta; tercera década: luisa
Sagitario	Primera década: amaranto; segunda década: fresia; tercera década: calicantus
Capricornio	Primera década: narciso; segunda década: jacinto doble; tercera década: menta salvaje
Acuario	Primera década: serpentaria; segunda década: muguete; tercera década: reseda
Piscis	Primera década: jazmín; segunda década: peonia; tercera década: azahar

Conviene recordar que todos los rituales tienen la finalidad de alcanzar, a través de la acción, la preparación del mismo rito hacia una fuerte emisión de energía psíquica que, sin todos estos actos, no emanaría.

Respecto a la tela negra, es preferible evitar los tejidos sintéticos y escoger, si es posible, una hecha de seda natural. Si se desea, se puede colocar este mismo mantel sobre la mesa cada vez que se efectúe una consulta a las cartas. El tejido deberá ser, en este caso, de las dimensiones apropiadas y a ser posible cuadrado. Su función es la de crear una barrera para mantener alejadas las energías negativas.

CORRESPONDENCIA PERFUME-PLANETA	
Domingo - Sol	Heliotropo
Lunes - Luna	Iris
Martes - Marte	Brezo
Miércoles - Mercurio	Junípero
Jueves - Júpiter	Menta
Viernes - Venus	Verbena
Sábado - Saturno	Amapola

Ritual para la adivinación

El ritual es una preparación de la adivinación, un conjunto de actos, de acciones, que se realizan antes de consultar las cartas y que deben ser siempre iguales. La clarividencia es una de las facultades paranormales que residen normalmente en el inconsciente. Cuando se desea adivinar algo, se debe hacer de tal modo que esta facultad se desplace a nuestra parte consciente. El ritual sirve realmente para esto, para encauzar la mente hacia una determinada dirección: es la llave que nos permitirá abrir la puerta del inconsciente y hacer surgir la clarividencia. Este ritual debe emplearse durante un cierto tiempo; pero a medida que se vaya adquiriendo seguridad se podrá modificar o incluso abandonar.

Es muy importante llevar a cabo este ritual, ya que así se tienen más probabilidades de preparar bien las cartas y su práctica contribuye a intensificar las facultades extrasensoriales. Echar las cartas a menudo ayuda a tomar conciencia de estas y a impregnarlas con la energía del cartomántico, de forma que se establece una comunicación entre estas y su mente. Así pues, es mejor que el cartomántico utilice siempre la misma baraja en exclusiva, puesto que se impregnará de sus vibraciones y de su fuerza psíquica.

Es preferible llevar a cabo la sesión adivinatoria durante las horas nocturnas, y mejor si se realiza siempre a la misma hora. También es conveniente hacerla en ayunas, con el fin de permitir un mayor flujo de sangre en el cerebro sin interferir con la digestión. Deberá realizarse también sin beber alcohol o fumar. Los alimentos, el alcohol (en gran cantidad) y el humo dificultan las facultades extrasensoriales. Aunque un dedo de alcohol a veces puede ser útil para dilatar la mente.

También es una buena costumbre lavarse las manos con agua fría, de forma que se descarguen las energías y la electricidad electrostática. Es preferible no secarse con una toalla, sino sacudir las manos con ímpetu.

Se escogerá una habitación, una mesa y una silla que deberán ser siempre las mismas. Es preferible extender sobre la mesa una tela oscura, si es posible azul, que favorezca la relajación, o bien añil o violeta, puesto que son los mejores colores para la meditación. También conviene utilizar una lámpara de sobremesa, así las cartas estarán bien iluminadas, mientras que el resto de la habitación permanecerá en la sombra. La habitación, obviamente, debe estar privada de ruidos. Además, para obtener un buen resultado es necesario que el cartomántico esté en buena sintonía con el consultante y que este se «abra». Logrado este estadio, ambos interlocutores permanecen en silencio durante algunos segundos, se relajan y respiran profundamente.

Es aconsejable no cruzar las piernas para no interrumpir el flujo energético que circula por dentro de nosotros. Las cartas se girarán como una rueda, de tal forma que la baraja esté compuesta de cartas al derecho y al revés. Además, se mezclarán un número impar de veces o bien diez ocasiones; aunque este sea un número par, el diez es un número «finito».

A continuación, se disponen las cartas, después de haber cortado la baraja según uno de los sistemas escogidos por el cartomántico. En este caso, tanto el consultante como el cartomántico están en disposición de mezclar, cortar y, eventualmente, escoger las cartas. Lo único importante es que si el cartomántico escoge un determinado sistema, deberá seguirlo al pie de la letra cada vez que realice una adivinación, y no cambiarlo.

Las cartas se pueden girar en la mesa de dos maneras distintas: girándolas de izquierda a derecha (como si se pasaran las páginas de un libro, pero al revés) o bien girando la carta de arriba abajo, de forma que en la mesa quede al revés de cómo estaba en al mazo. En ese preciso momento se procederá a la adivinación. Primero, al considerar las cartas en su globalidad, luego, una por una, y poco a poco, el cartomántico recibirá sensaciones que al principio serán casi nulas, y luego, lentamente, más precisas.

En las primeras cartas debe salir también la carta que representa al consultante, pues de lo contrario la adivinación no podrá llevarse a cabo.

Las cartas dispuestas hacia la derecha se relacionan con la razón y la lógica; y las de la izquierda, con la intuición y el inconsciente. No hay que desanimarse si al principio se tienen pocas sensaciones; unas veces aparecen enseguida, y otras, tardan un poco más de tiempo, ello depende de la sensibilidad del cartomántico y de su receptividad.

Tampoco hay que preocuparse si acuden a la mente sensaciones extrañas, ideas absurdas que se adaptan mal a la personalidad del consultante o de lo que haya podido comprender de él en el primer contacto. En efecto, siempre conviene tener presente que la lectura de las cartas se realiza para un tiempo bastante largo, por ejemplo, seis meses, un año o tres años, y por lo tanto, las situaciones cambian, la personalidad del consultante puede variar y ciertos sucesos que durante la lectura pueden parecer absurdos no lo serán en su momento exacto. Así pues, el cartomántico no debe dejarse condicionar por una lectura que le pueda parecer inverosímil.

Otro consejo a tener en cuenta, sobre todo al principio, es que es preferible realizar la lectura de las cartas a personas desconocidas que a conocidas o familiares, puesto que el cartomántico puede verse influenciado por todo lo que sabe acerca del consultante. Tampoco hay que leer las cartas en el transcurso de una fiesta o celebraciones similares, ya que entre la confusión y el ruido, la concentración no siempre es fácil y al final, por deseo de exhibición, acaba diciéndose cualquier cosa, o bien se captan los pensamientos de las personas cercanas y se toman como propios.

Finalizada la adivinación, el cartomántico debe permanecer en silencio durante algunos segundos y, finalmente, agradecer a las cartas su colaboración.

Toda la información aportada hasta el momento es la más adecuada para realizar con éxito una buena adivinación. Sin embargo, el cartomántico puede modificarla según sus exigencias y necesidades. Lo importante es alcanzar la finalidad para las que han sido creadas. Este ritual no es indispensable para llevar a cabo la adivinación, más bien, un buen cartomántico realmente no lo necesita; sin embargo, es muy útil para las personas que se sientan inseguras o que hayan tenido poco contacto con la cartomancia.

Algunos consejos generales

▪ No efectuar la cartomancia a la primera solicitud; es conveniente hacerse rogar. Así, el cartomántico se coloca en una posición de superioridad.

▪ Las cartas deberán cortarse y elegirse con la mano izquierda, la de la intuición.

▪ Es mejor si la adivinación se efectúa en casa del cartomántico, puesto que al estar en su ambiente, obtendrá la seguridad necesaria.

▪ Un sistema para recibir mejor al consultante consiste en tener durante algunos minutos su mano derecha sobre la izquierda del cartomántico. La mano izquierda, de hecho, recibe las vibraciones, y la derecha, las irradia. Este sistema ha de emplearse siempre que exista cierta confianza entre el cartomántico y el consultante.

▪ El consultante ha de sentarse a la izquierda del cartomántico, de forma que su brazo izquierdo (el de la intuición), predispuesto a recibir los mensajes, esté cerca del derecho (el de la razón) del consultante.

▪ Quemar primero y durante la adivinación un número impar (una, tres...) de varitas de incienso, ya que este dilata la mente.

▪ Mientras se lleva a cabo la adivinación, el cartomántico puede apoyar las manos en sus sienes. De este modo, la cabeza se encontrará inmersa en un campo magnético (mano derecha - polo positivo, mano izquierda - polo negativo).

▪ Echar a menudo las cartas ayuda a desarrollar considerablemente las facultades paranormales.

■ No debe efectuarse la adivinación colocando las cartas en superficies que reflejen.

■ No realizar la adivinación al sol.

■ No llevar encima objetos metálicos, excepto monedas de oro o de plata.

Edificación

En las adivinaciones, las cartas que salen y se disponen según el juego elegido tienen casi siempre una relación con las que están cerca. Este proceso se denomina *edificación*.

Es el cartomántico quien, antes de realizar la adivinación, siguiendo su intuición y empleando sus facultades paranormales, decide, por ejemplo, que la primera y la segunda carta están relacionadas entre ellas y las interpretará juntas, y que la quinta y la sexta reflejan la misma situación.

Además, el cartomántico también debe decidir qué diferencias tienen las cartas que están cerca. Así pues, la carta positiva influye en el significado de las cartas negativas que están cerca, y viceversa. De este modo, si tenemos una carta negativa, debemos observar si cerca de ella hay una positiva que pudiera modificar su significado. Si, por ejemplo, salen las siguientes cartas:

Rueda de la Fortuna   Torre   Estrella
(al derecho)   (al revés)   (al derecho)

podemos tener dos interpretaciones posibles:

1. El Arcano de la Estrella, muy positivo, y el de la Rueda, también positivo, logran influenciar la carta de la Torre, que está al revés, y suavizar así su contenido altamente negativo.
2. La carta de la Torre colocada al revés influye sobre las cartas de la Rueda de la Fortuna y de la Estrella, disminuyendo, de esta manera, el significado positivo.

Es muy importante realizar la edificación antes que la adivinación. Las cartas, de hecho, pueden tener muchos significados, no estrechamente ligados a su sentido tradicional.

Así pues, la edificación puede cambiar el significado de las cartas, y una interpretación errada de las diversas influencias puede alterar completamente la adivinación. Y es por ello que muchas adivinaciones resultan insensatas y totalmente incoherentes.

El significado adivinatorio de los Arcanos Mayores

A continuación, presentamos la interpretación adivinatoria de los Arcanos Mayores. A pesar de ello, es necesario tener en cuenta que el presente significado de la carta no debe tomarse al pie de la letra, sino que sólo sirve como sugerencia. Durante la lectura, el espíritu del cartomántico debe dar libertad a sus impulsos conscientes e inconscientes.

I - El Mago

Carta derecha: representa al consultante si es un hombre joven. Es una carta positiva que indica astucia, fuerza de carácter, determinación, fuerza de voluntad, habilidad, sutilidad, elocuencia, arte de convicción, habilidad en los negocios.

Carta al revés: encarna a un hombre débil incapaz de tomar la iniciativa, mezquino, intrigante y deshonesto. Para una mujer puede significar el final de una amistad masculina o el descubrimiento de lo negativo en su compañero. Politiquero, charlatán, persona sin escrúpulos, se trata de un hombre maduro en el que se descubre el infantilismo.

II - La Sacerdotisa

Carta derecha: representa al consultante si es una mujer, y si es un hombre, a una mujer con la cual tendrá una relación de amistad o sentimental, pero en todo caso importante. Es una carta que también indica sabiduría, equilibrio, serenidad y armonía, y favorece a la familia, la casa, al matrimonio, a los hijos; si en el transcurso se produce un embarazo, el bebé será una niña. Reserva, discreción, silencio, fe, paciencia, sentimiento religioso, resignación.

Carta al revés: puede significar la ruptura de una unión, una mujer malvada criticona, hipócrita, superficial, mediocre y presuntuosa. Si la consultante es una mujer, puede ejemplificar su incapacidad para aceptarse, o también una rival o enemiga. Pérdida de dinero. Traición.

III - La Emperatriz

Carta derecha: inteligencia, riqueza interior, pureza. La consultante es una mujer muy fuerte, ya sea física o psíquicamente. Una acción tomada con determinación alcanzará un buen fin. También puede significar coraje y firmeza de ánimo. A su vez, puede representar a una amiga, a un amante, a una mujer realmente rica. Para un hombre puede significar el encuentro con una presencia femenina importante en su vida. Es la fertilidad, el progreso, la evolución femenina, la elegancia, la distinción, la cortesía, el embarazo.

Carta al revés: falta de generosidad, una acción que fracasa o está llena de obstáculos. Apatía, incertidumbre, indecisión, pereza mental, pérdida, timidez. Una mujer falsa y hostil. Esterilidad, traición, chafardería, frivolidad, desdén.

IIII - El Emperador

Carta derecha: fuerza, poder, éxito. Representa a un hombre que a través de la inteligencia y la fuerza ha llegado a la finalidad propuesta y al éxito. Indica autocontrol, constancia, autoridad, dotes de mando, dedicación al trabajo, voluntad, bienestar, riqueza. Para una mujer puede ser el encuentro con un hombre muy importante que le ayudará en los negocios o en el trabajo. Puede ser un padre, un hermano mayor, un marido, un gran protector.

Carta al revés: debilidad de carácter, ineficacia, crueldad, imposibilidad de imponerse a los demás. Puede ser un hombre brutal, un tirano que quiere imponerse a toda costa. Malestar físico, falta de fuerza física y moral, una empresa fracasada, terquedad.

v - El Papa

Carta derecha: sabiduría, discreción, autoridad benévola, clemencia, humildad, bondad, perdón. Puede indicar la cualidad de una persona, y entonces es necesario ver a qué otra carta se refiere. O bien indicar a un hombre muy comprensivo, dotado de mucha fuerza moral, apto para comprender y dar buenos consejos, capaz de valorar una situación difícil siguiendo su propia intuición.

Carta al revés: incapacidad para comprender a los demás y sus situaciones, pereza, intolerancia, mezquindad, un obstáculo, una maldición, un hombre falso y traidor. También puede significar una respuesta negativa a cualquier cuestión. Imposibilidad de saber perdonar. Viejos rencores. Pérdida de fe.

vi - El Enamorado

Carta derecha: esta carta indica una elección difícil que es necesario llevar a cabo. Es una invitación a escuchar nuestras intuiciones cuando surgen de lo más profundo y a seguir el camino que nos indican. También significa honestidad, sinceridad, confidencia, confianza. Indica un amor apenas comenzado, todavía no delineado y con muchas incertidumbres. O bien una decisión que hay que tomar con discernimiento, ya que condicionará la vida futura.

Carta al revés: un amor no correspondido o disgustos en el campo sentimental. Una decisión tomada equivocadamente que creará problemas en una relación. Fracaso de una prueba, separación temporal, frustraciones en el amor y en el matrimonio. Volubilidad, falsedad, proyectos llevados hacia delante con imprudencia. Puede indicar también una depresión nerviosa, tendencia al llanto y a la apatía.

VII - El Carro

Carta derecha: capacidad de juzgar con firmeza, sobrepasar los obstáculos, un viaje, un desplazamiento, una persona de talentos capaz de iniciativa. Éxito, progreso en el trabajo, capacidad. Un proyecto que se realiza fácilmente, una ayuda inesperada que sirve para resolver una cuestión. Ambición.

Carta al revés: un viaje frustrado, incapacidad para asumir las propias responsabilidades, un obstáculo no superado, falta de talento. También puede simbolizar a un hombre que se interpone o una persona de la cual esperábamos ayuda y, sin embargo, no nos la proporciona. Puede referirse a desplazamientos negativos en el trabajo, negocios que van mal. Frustraciones laborales.

VIII - La Justicia

Carta derecha: una victoria, una causa vencida. Honestidad, imparcialidad de juicio, disciplina, organización, adaptación a las necesidades, equilibrio universal, método, exactitud, ritmo de vida, firmeza de opinión y propósitos, armonía. Puede indicar también una persona equilibrada, positiva, que puede ayudarnos a resolver una cuestión; un hombre de leyes, un administrador, un director. Respecto a la salud, indica equilibrio psicofísico, capacidad para controlar nuestras fuerzas interiores.

Carta al revés: sumisión, falta de iniciativa, una injusticia inesperada, un proceso, una querella, una pelea, contestaciones legales, aburrimiento, una deuda sin pagar, un subalterno que sabe obedecer pero que es incapaz de tener iniciativa por sí mismo, desorden moral, poco coraje, abuso, falsas acusaciones.

VIIII - El Ermitaño

Carta derecha: representa un buen consejo, una iniciativa que tendrá éxito. Indica también una persona mayor, muy sabia, capaz de ver la verdad incluso cuando está escondida. Es un amigo fiel, a menudo el padre o un hombre que nos hace de guía, tal vez un doctor. Desprendimiento de lo material, ausencia de inhibiciones y de frivolidad. Cualidades morales y espirituales, contención, tendencia al aislamiento, a la reflexión, a la meditación, deseo de reservarse algo dentro. Persona solitaria, encerrada en sí misma y que no manifiesta sus sentimientos, depositaria de secretos.

Carta al revés: un periodo de tristeza, de soledad, de abandono por parte de los amigos. Abatimiento moral y poca claridad interior, incapacidad de decidir por uno mismo. Timidez, misantropía, mutismo, inmadurez, falta de sociabilidad. Un consejo equivocado, un secreto revelado, una persona en la cual se tenía confianza y que nos ha traicionado, una persona que no quiere y no puede ayudarnos, un padre poco comprensivo. Respecto a la salud, indica reumatismos, artrosis, cálculos.

X - La Rueda de la Fortuna

Carta derecha: es una carta positiva que indica fortuna, éxito, realización de proyectos, espíritu de iniciativa, inventiva, un cambio afortunado, espontaneidad, disposición para las invenciones, simpatía, buen humor. Puede indicar también una victoria en el juego, una herencia. Cambios positivos o negativos, sucesos inesperados. Un nuevo periodo afortunado que comienza. Si está cerca de cartas negativas, atenúa en parte el significado negativo.

Carta al revés: desgracia, un obstáculo que impide realmente un proyecto, momento de éxtasis, interrupción de un ciclo, abandono al riesgo, inseguridad. Posición inestable, ganancias y pérdidas, un beneficio transitorio, especulaciones equivocadas, tendencia a la pereza. Relacionada con la salud, indica alteraciones en el sistema neurovegetativo (hígado-intestino) o circulatorio.

XI - La Fuerza

Carta derecha: indica fuerza, voluntad, determinación, la inteligencia que domina la brutalidad. Es el control de los instintos y de las pasiones, es saberse dominar. Confianza en uno mismo, coraje, capacidad de afrontar los problemas y las adversidades, y ayuda a los demás. Significa también calma, virtudes, sabiduría. Puede señalar a una mujer influyente que nos puede ayudar. A su vez, representa resolución, fervor, fuerza física, conquista, heroísmo, virilidad, triunfo del amor sobre el odio, liberación.

Carta al revés: falta de iniciativa, de fuerza moral, debilidad física y espiritual, egoísmo, cólera, impaciencia, ardor desmesurado, una persona insensible y a veces cruel. Lucha, guerra, conquista violenta, discordia, tiranía, dureza de corazón. Indica también enfermedad.

XII - El Ahorcado

Carta derecha: un giro de la situación actual a través de una acción o una decisión, un cambio radical en la vida del consultante que puede parecer negativo y, sin embargo, no lo es. Desinterés, olvido de uno mismo, devoción, sumisión al deber, filantropía, una persona llena de ideales que, para alcanzarlos, está dispuesta al sacrificio individual.

Carta al revés: momento de éxtasis, de retraso, un obstáculo que nos impide llevar a cabo una situación. Un proyecto irrealizable, un sacrificio excesivo, idealismo que se vuelve utopía, una persona soñadora en exceso, falta de espíritu, de sacrificio, culto del propio ego. Promesas no mantenidas, buenos sentimientos no llevados a cabo, pérdidas. A veces, amor no correspondido.

XIII - La Muerte

Carta derecha: un cambio de trabajo, en la vida sentimental o en la vida interior. Un momento de paso, evolución espiritual. El fin de algo viejo, de una situación, de una amistad o de una relación que representa un obstáculo en nuestro camino. Renacimiento a una nueva vida. Raras veces indica la muerte, salvo si va acompañada de otras cartas absolutamente negativas. Siempre indica un gran cambio.

Carta al revés: un luto, un accidente, momentos de melancolía y tristeza, ideas negativas que nos influyen, proyectos obstaculizados que no se realizan, falta de confianza en uno mismo, incapacidad de adaptarse a una situación, de cambiar la propia vida o de aceptar el destino. Angustia, comportamiento pasivo, pesimismo, cambios parciales. Cambios negativos.

XIIII - La Templanza

Carta derecha: asiduidad para llevar hacia delante algo difícil aunque el éxito no sea favorable, momento de gran armonía entre el consultante y el ambiente en donde vive o con las personas que le son cercanas. Carácter cómodo, filosofía práctica, aceptación de los sucesos, adaptación a las circunstancias, sinceridad, reserva, paciencia, confianza y serenidad, calma, salud, vitalidad.

Carta al revés: desarmonía entre dos personas cercanas, momentos de incomprensión, de tensión. Avaricia, egoísmo, bloqueo mental, apatía, inestabilidad, un cambio vivido como negativo, pasividad, resignación, desinterés, falta de personalidad, humor cambiante, sumisión a los prejuicios.

XV - El Diablo

Carta derecha: atracción sexual, deseos pasionales, persona dotada de magnetismo personal y tendencia al materialismo, poder de subyugar al prójimo, de influenciar las opiniones de los demás. Momentos en que se liberan las fuerzas del inconsciente, sucesos inesperados, dominación de las masas, persona elocuente. Servilismo, caída, trauma, fatalidad. Esta carta a veces indica peligro, pero otras, es el primer paso hacia una comunicación espiritual.

Carta al revés: es una advertencia a veces muy grave, puede indicar accidentes, peligros ya sean de naturaleza física o psíquica. Enfermedades relacionadas con los riñones o los órganos genitales. Energías desbocadas que pueden provocar desequilibrios nerviosos. Lujuria, perversión, una relación basada sólo en la atracción sexual. Provocación del desorden, desbaratamiento del orden, levantamientos sociales, rebeliones.

XVI - La Torre

Carta derecha: acumulación de ambiciones y de ilusiones, de quien apunta demasiado alto, ruptura de una amistad o de viejas relaciones, crisis necesaria, desilusión, fracaso, un grave obstáculo que nos impide llevar hacia delante nuestro proyecto. También puede indicar una enfermedad, un accidente, un robo. Es una advertencia a no querer demasiado, a no olvidar la realidad.

Carta al revés: es una carta muy negativa, sobre todo si va asociada a otros naipes similares. Implica un grave peligro, un accidente, una grave enfermedad, una catástrofe provocada por la imprudencia, escándalos desenmascarados. Puede indicar el final definitivo de un amor o de un contrato de trabajo. Una fuerte pelea, odio, un merecido fracaso de una empresa insensata, castigo por una culpa cometida, presunción y orgullo desenmascarados y castigados.

XVII - Las Estrellas

Carta derecha: es una carta positiva, trae suerte, éxito, esperanza. Nuestra buena estrella que interviene cuando tenemos necesidad de ella. Es un momento favorable, propicio. La conquista de nuestros sueños, de nuestros ideales. Su significado es tan positivo que corrige incluso las cartas cercanas negativas, atenúa su peso. Nos invita a esperar, a tener fe, a acercarnos a la naturaleza. Indica inspiración poética, candor, confianza en el destino, presentimientos, sueños, bondad, compasión espiritual, sensibilidad, ternura, fascinación, belleza, optimismo. A veces implica la presencia de una mujer sincera, altruista, que nos ofrece su ayuda.

Carta al revés: impudicia, conducta ligera, libertinaje, espíritu disuelto por la vida práctica, falta de sinceridad, de fuerza física y espiritual. Un momento difícil, poco propicio, falta de espontaneidad, fantasías, hechizos, pesimismo. Poca suerte, sentirse solos, abandonados, sin guía.

XVIII - La Luna

Carta derecha: indica imaginación, intuición, sueños proféticos, sentido del misterio, presentimientos. Incerteza acerca de una decisión que se debe tomar, enemigos escondidos y peligros latentes. Momentos de reflexión, el inconsciente que emerge, sucesos olvidados, el pasado que vuelve, encuentro con personas del pasado. Extravagancias, viajes por mar, a veces embarazos, superficialidad.

Carta al revés: sueños o intuiciones engañosos, amigos equivocados, secretos desvelados, recuerdos que pesan en la conciencia, fantasías peligrosas, prejuicios. Advertencia para no fiarse solamente del instinto, sino estar con los pies en el suelo, trampas, falsas suposiciones, cambios de humor, estados lunáticos. Falsedad. En lo referente a la salud, indica reumatismo, celulitis, alucinaciones.

XVIIII - El Sol

Carta derecha: es una buenísima carta que implica amor, felicidad, armonía, paz, asociaciones felices, ya sean amorosas o de trabajo. Es la carta que indica la realización de cada cosa, talento literario y artístico, gloria, celebridad. Placer conyugal, matrimonio, felicidad tranquila y duradera.

Sentimientos altruistas, buen humor, calor, sinceridad. Capacidad de aceptar la vida como se presenta y vivir feliz. Indica también salud óptima, curación, situaciones favorables.

Carta al revés: falta de felicidad, de armonía, pelea entre cónyuges y entre amigos. Exhibicionismo, susceptibilidad, falsedad, vanidad. Probable ruptura de un matrimonio o de un noviazgo, soledad, falta de amistades, incomprensión. Relacionada con la salud, esta carta se relaciona con alteraciones en los ojos y en el corazón.

XX - El Juicio

Carta derecha: indica el renacimiento, el despertar espiritual, la renovación psicológica, los cambios positivos. Necesidad de arrepentirse y de perdonar. Mejora de nuestros sentimientos hacia los demás. Posibilidad de que una persona se muestre violenta, aunque enseguida, se arrepentirá. Honestidad hacia los demás, propaganda, proteccionismo, apostolado. Una solución inesperada, favorable. Si esta carta debe responder a alguna pregunta específica, la respuesta será afirmativa.

Carta al revés: una noticia desagradable, una decisión equivocada. Excesivo entusiasmo, exaltación, publicidad, agitación de la cual no se obtiene resultado alguno. Exceso de excitación provocado por droga o alcohol, éxtasis histérico, evocación de fantasmas. Responde negativamente a las preguntas.

XXI - El Mundo

Carta derecha: carta positiva, de conquistas, de éxito, victoria. La realización de la propia personalidad y de las aspiraciones. Este naipe indica unas circunstancias favorables, ambiente propicio, éxito en las iniciativas, trabajo premiado, honores, riquezas y, sobre todo, la llegada a un estado de perfección espiritual.

Carta al revés: obstáculo que se puede superar, contrariedad, ambiente hostil, falta de aplicación y concentración, escasa consideración social, reveses de fortuna, fracaso en las obligaciones. Realización incompleta.

0 - El Loco

Carta derecha: pasividad, abandono absoluto, pereza, renuncia a cada resistencia, inmadurez, irresponsabilidad. Favorece el inicio de nuevos proyectos, puede indicar una carta o un invitado que está por llegar. A veces implica a personas rebeldes, anticonformistas. Frivolidad, ligereza, falta de disciplina.

Carta al revés: nulidad, incapacidad, abandono a los instintos y a las pasiones, incapacidad de razonar o de dirigirse, falta de regularidad inconsciente, pérdida del libre albedrío, esclavitud, locura. Vacío espiritual, materialismo, amoralidad, bloqueo mental.

La lectura del tarot

Existen numerosos métodos para leer e interpretar las cartas del tarot. A continuación, se exponen los más clásicos que utilizan los Arcanos Mayores.

Método de la Estrella de David

Se retira de la baraja la carta consultante y se coloca en el centro de la mesa. A continuación, se mezclan y se escogen siete cartas al azar, que se dispondrán sobre la mesa, cubiertas, según la figura inferior.

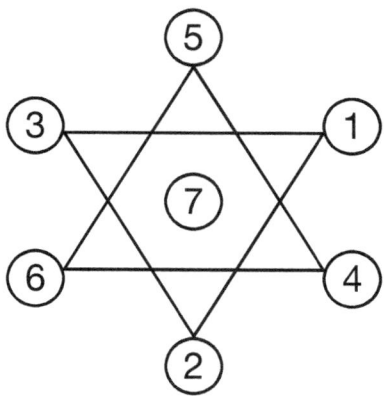

Obviamente, la carta número siete ha de estar sobre la del consultante. Los Arcanos se destapan de uno en uno y tienen el siguiente significado:

Carta n.° 1: la situación presente.

Carta n.° 2: el pasado reciente.

Carta n.° 3: las personas cercanas, el ambiente.

Carta n.° 4: los elementos desfavorables.

Carta n.° 5: los elementos favorables.

Carta n.° 6: el resultado final.

Método de los cinco juicios

discusión
juicio

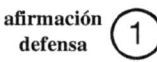 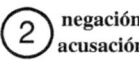

afirmación defensa   negación acusación

síntesis veredicto

solución
sentencia

Carta n.° 1 = *Afirmación:* representa todo lo que influye favorablemente en el problema expuesto por el consultante.

Carta n.° 2 = *Negación:* significa todo lo que influye negativamente en el problema expuesto por el consultante.

Carta n.° 3 = *Discusión:* ejemplifica el tipo de decisión que el consultante deberá tomar para resolver su problema.

Carta n.° 4 = *Sentencia:* simboliza el resultado, pero este es tan solo una hipótesis que debe ser confirmada o desmentida por la quinta carta.

Carta n.° 5 = *Síntesis:* es la clave de lectura de todo el problema.

Este método se puede utilizar para obtener respuestas a preguntas de cierta importancia.

Para empezar, conviene mezclar las cartas y pedir al consultante que diga un número del 1 al 22, ambos incluidos (al Loco se le otorga el 22), el primero que se le ocurra.

A continuación, se retiran de la baraja tantas cartas como el número elegido por el consultante y se dejan aparte. Se escoge la siguiente carta, que será el número 1, la afirmación. El número elegido por el consultante debe escribirse aparte.

Se juntan de nuevo todas las cartas, se mezclan y se pide al consultante que escoja otra carta. El ritual anterior se repite para las otras tres cartas.

Para sacar la quinta carta, la de la síntesis, es necesario sumar los cuatro números elegidos por el consultante para sacar las primeras cuatro cartas y que se han anotado aparte. Si el número obtenido de la suma es superior a 22, hay que sumar las cifras hasta obtener un resultado comprendido entre el 1 y el 22.

Este número corresponde al Arcano que ocupará el lugar número 5.

Método del espejo

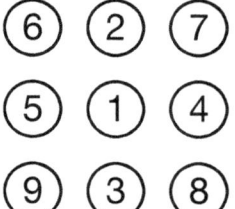

Carta n.º 1 = Se coloca descubierta sobre la mesa; su significado se esclarecerá con las otras cartas.

Carta n.º 2 = *Mente:* los pensamientos presentes y futuros.

Carta n.º 3 = *Corazón:* afectos y sentimientos.

Carta n.º 4 = *Lo que sucederá:* el futuro próximo.
Carta n.º 5 = *Imprevistos:* sucesos no esperados, no ligados a acciones.
Carta n.º 6 = *Personas cercanas:* los seres queridos que nos rodean.
Carta n.º 7 = *Ambiente y trabajo:* el medio en el que se vive y el trabajo.
Carta n.º 8 = *Lo que debe suceder:* consecuencias seguras en respuesta a las acciones realizadas.
Carta n.º 9 = *Futuros acontecimientos:* el futuro alejado.

Para este método se utilizan únicamente los Arcanos Mayores. Se mezclan las cartas y se escoge una, que se coloca descubierta en el centro de la mesa. Es la carta cuyo significado debe ser esclarecido por las otras. A continuación, se escogen ocho cartas más y se colocan, tapadas, en los puntos indicados en la figura. Finalmente, se dan la vuelta y se interpretan, de una en una y siempre haciendo referencia a la primera carta.

www.ingramcontent.com/pod-product-compliance
Lightning Source LLC
Chambersburg PA
CBHW070627050426
42450CB00011B/3132